日本商工会議所
全国商工会連合会 検定

新出題範囲完全対応

販売士

リテールマーケティング検定

3級

清水敏行
中谷義浩 [共著]
土居寛二

【第5版】

税務経理協会

はじめに

　販売士試験制度は，昭和48年度に創設以来30年以上経過しており，今回さまざまな経営環境の変化に対応した内容にするために，試験制度が改定されました。

　当初販売士制度は，小売業を中心とした流通業界の人材の能力開発をはかることを目的としておりましたが，現在ではメーカーやサービス業など各業界，販売職や営業職などの各職種，また大学などの学生の教育など，幅広く販売士の学習内容が支持されています。

　また，流通業に関連する環境変化としては，近年消費者ニーズの多様化・高度化，少子高齢社会と人口減少社会への推移，IT化の急速な進展，大手流通外資の参入と国内大手小売業の商業集積との競合，中心市街地の活性化とまちづくりの問題など，さまざまな変化が起きてきており，その対応が急務となっております。

　このような中で，販売士制度の役割はますます重要となっており，時代のニーズに合致した試験内容となることで，従来以上に関係各方面の人材の能力開発に役立つことができることと思われます。

　平成17年度に各科目体系や内容が一新され，「小売業の類型」「マーチャンダイジング」「ストアオペレーション」「マーケティング」「販売・経営管理」という5科目で，3級〜1級までの科目名称が統一され，それぞれのレベルも，3級は基礎科目（販売技術力の習得），2級は応用科目（販売管理能力の習得），1級は発展科目（経営管理能力の習得）となりました。

　平成24年度から，一部試験制度が改定になり，試験時間が短縮され問題数も削減されました。またハンドブックについても6年ぶりに改訂され，内容が更新されました。

　平成27年度から名称がリテールマーケティング（販売士）検定試験となり，

平成28年度にはハンドブックが4年ぶりに改訂され，内容が更新されました。

　令和元年度からハンドブックが3年ぶりに改訂となり，インバウンドなど新しい分野が加わり，内容が更新されました。

　本書は今回の改訂版に対応しており，各科目の主要内容を学習し，合格レベルの実力とより一層の実務知識と基礎理論をマスターできる構成になっています。まず，重点ポイントの要約で習得すべき主要知識を学習し，また適時重要箇所には補足理論（□の欄）を入れており，理解の促進を図っております。そして，各科目の最後に本試験形式の問題と解答・解説が設けられていますので，受験対応の問題演習ができるようになっております。

　多くの学習者の方々が，この書籍を活用され，販売士試験に合格され，そして販売士としてご活躍されることを願っております。

　最後に，本書の刊行にあたり終始助言し支援して下さった税務経理協会の鈴木利美氏に，心より厚く御礼申し上げます。

2019年11月吉日

共　著　者

Contents

2　マーチャンダイジング

3 ストアオペレーション

4 マーケティング

5　販売・経営管理

1

小 売 業 の 類 型

第1章

流通における小売業の基本

1 小売業とは何か

1－1 小売業の定義

　統計調査では，年間販売額の半分以上が最終消費者に対する販売であれば，小売業としています。

＜商業統計調査＞

◇**商業統計調査**：国が行う基本的な統計調査であり，全国の小売業・卸売業全てを対象に実施する調査です。調査項目は，事業所の名称，所在地，従業員数，年間商品販売額，売場面積，営業時間などとなります。調査は，5年に1回行われる精緻調査と，その2年後に行われる簡易調査があり，各調査年の6月1日を基準として行われます。行政の施策立案のための資料として，また学術研究用や企業の研究資料などとして活用されています。調査結果は誰でも見ることができます。興味のある方は，お近くの県庁・市役所・区役所等に問い合わせてみてください。

1－2 販売対象は消費者

　小売業は，「メーカー → 卸売業 → 小売業 → 消費者」という流通機構の

最終段階に位置しており，直接的に一般消費者を販売対象とします。

　小売業は，一般消費者とともに事業所などにも販売して，企業の事業活動に使用する商品を出荷する卸売業を兼業することもあります。

1－3　販売代理と購買代理

　小売業は，メーカーに代わって消費者への「販売代理」をしています。また同時に，小売業は消費者に代わって「購買代理」もしています。

　小売業は，POSデータなどによって，自店の販売データから消費者の購買ニーズを把握しやすい位置にあります。メーカーと小売業が共同して商品開発に役立てるケースが多くあり，小売業は消費者ニーズをメーカーに伝える役割を担っています。

＜産業用使用者＞

　企業，学校，官公庁，病院など，業務用として商品を購入する者をさします。小売業が消費者に販売する形態を一般的に「B to C」（Business to Consumer）と呼ぶのに対し，産業使用者に販売する形態を「B to B」（Business to Business）と呼びます。

　古くからの文具店など，傍から見るとあまり売れていないのではないかと感じる店もあるでしょう。ところが実態は，近隣の小中学校に各種文具品を販売していて，実は結構な年商を上げているケースがあります。仮に年間販売額の50％以上を産業使用者（学校）に販売している場合，この文具店はお店を開いているにもかかわらず，小売業ではなく卸売業として定義されることになります。

---

2 中小小売業の現状と役割

2－1　中小小売業の現状

⑴　中小小売業とは

　中小企業基本法では，中小企業者を資本の額と従業員数で定義しています。小売業に関しては，「資本規模5,000万円以下，並びに従業員規模50人以下」と定義しています。

⑵　中小小売業の事業所数

　商業統計調査の2014年調査結果によると，就業者4人以下の小規模事業所が全体の49％，5人～49人の中規模事業所が48.4％となっています（中小規模事業所97.4％）。

⑶　中小小売業の年間商品販売額

　2014年の商業統計調査における全国の小売業の年間商品販売額は，122兆1,767億円で，2007年の調査と比較すると約9％の減少です。

⑷　中小小売業のチェーン組織への加盟

　中小小売業は事業所数や年間販売額が減少傾向にある中で，チェーン組織に加盟するという方向性が考えられます。

＜流通上における小売業の位置づけの変化＞

　テキストで述べられてきたように，小売業は「消費者の購買代理機能」を強化する必要性が高まってきています。従来の小売業は，メーカーや卸売の意向を聞くだけの「流通上の販売代理機能」の方が中心といえるものでした。しかし，このやり方では，多様化・個性化した消費者ニーズにマッチしなくなっています。どんどん仕入れても販売が追いつかず，店頭に滞留在庫が残るようになっています。流通をボトルにたとえると，出口が小さくて経営業績が悪化するのです（ボトルネック）。

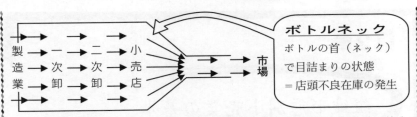

　この問題を解消するためには，市場に吸収される商品だけを上手に仕入れ，的確に消費者にアピールして販売を促進することが必要です。ボトルでいえば，口を広げるか（消費者の評価を高める積極的対応），ボトル本体をスリム化するか（仕入を絞る消極的対応）となります。

　このように，近年では小売業の方が流通上のリーダー（チャネル・キャプテン）となり，流通全体を引っ張っていく役割が求められています。従来に比べると，流通上の影響力は，川上（メーカー側）から川下（小売側）に移ってきています。まさに，消費者のためのアソートメント（商品の取り揃え・編集機能）が重要となっているのです。しかし同時に，このような状態は，以前のように大手メーカーに頼ることができないことを意味しており，今後の小売店は自らのマーケティング力により，市場を開拓していく努力が求められているといえるでしょう。

〔参考文献〕

「ザ・ゴール（企業の究極の目的とは何か）」

　　　　　エリヤフ ゴールドラット著・三本木 亮翻訳，ダイヤモンド社

第2章

組織形態別小売業の基本

1 組織小売業の定義と特徴

1－1　組織小売業とは

(1)　組織小売業の定義と特徴

　組織小売業とは，「複数の店舗が同じ店舗名の看板を掲げ，仕入や店舗運営面などにおいて，共通の基盤を活用して事業展開する方式」と定義できます。

(2)　組織小売業のねらいと特徴

　組織小売業のねらいは，同業種，同営業形態の単独店が水平的に共同することで規模の経済性を発揮し，経営の能率化と合理化を達成しようとすることにあります。

　＜組織小売業の特徴＞

　①中央所有，②中央本部管理，③店舗フォーマットの類似性

　組織小売業は，本部と店舗を分離して，多店舗経営を行うことにより，ローコストオペレーション・システムを構築し，低価格での仕入と販売を実現します。

　その本部機能は，仕入，立地選定，店舗開発，在庫管理，棚割，広告などのオペレーションを集中化します。特に，仕入については，本部で集中して行うことにより，展開する複数の店舗の仕入量を合わせることでバイングパワーを発揮し，取引先であるメーカーや卸売業から仕入単価の低減をはかります。

　他方，店舗機能は，販売活動に専念することになります。マニュアルを導入してオペレーションを標準化することで，店舗運営の費用を削減します。これによって，さらなる多店舗化が容易となり，仕入面での規模の経済性を追求することができます。

　こうした本部主導のチェーンオペレーションを通じて，規模の経済性を追求し，店舗運営の費用を削減することで，消費者への低価格販売を実現することができます。

＜バイングパワー＞

　直訳すると「買い手の力」となります。チェーンストア小売業が得られるメリットの一つです。小売店がメーカーや卸売業から仕入れる場合，単独店舗の仕入量に比べると，チェーンストアの仕入量は圧倒的に多くなります。メーカーや卸売業にとっては売上拡大のチャンスであることから，チェーンストア側が「これだけの量を仕入れるのだから価格は通常より低くしてほしい」という要求が出れば，できるだけ対応しようと努力や工夫をすることになります。つまり，多量に買う側が価格交渉において優位に立てるわけであり，そのような買い手のパワーという意味になります。

1－2　ボランタリーチェーン（VC）

　ボランタリーチェーン（VC）は，中小規模の独立系小売業が自主的に参加できる緩やかな組織形態です。自己の経営方法を優先しながらお互いの共通の弱点を補完しようとする組織体です。

(1)　VC設営の目的

①　卸主宰のVC（垂直的統合）

　卸売業などが本部機能を担う共同体です。卸売業が主導して従来からの販売先小売店を組織化するものです。本部では，加盟店を継続的に確保し，小売店頭からもたらされる新鮮な情報の把握が可能となります。加盟店では，

商品供給や商品・販売情報などの提供支援を受けることができます。

② 小売主宰のVC（水平的統合）

　複数の独立系小売店が，自店の継続的な繁栄のために，同じ目的を持つ仲間と組織化した目的共同体のことです。

　単独店では，導入が困難な店舗運営ノウハウを共有化したり，仕入機能の強化をはかるなどのメリットを追求します。本部では，共同仕入や共同在庫管理，共同情報管理などを行います。

図表1－2－1　ボランタリーチェーンの2つのタイプ

①	卸主宰のボランタリーチェーン	卸売業が主導して販売先小売店を組織化
②	小売主宰のボランタリーチェーン	複数の独立系小売店が組織化した共同体

(2) 組 織 構 成

① 加盟店同士の横のつながり

　VCの契約は組織への参加であり，加盟店同士がつながりを持ち，相互に助成しあう体制に特徴があります。

② 本部への権限付与

　VCにおいては，店舗は構成員であり，戦略決定に主体的に関与できますが，本部に決定の権限を委譲する形になっています。

③ 本部利益の配分

　VCの本部は，参加店舗の意思決定代行機関であり，加盟店は本部利益からの持続的投資による還元を受ける権利があります。

(3) 運 　 営

＜加盟店の義務＞

① 売り方，品ぞろえなどの制約

　共同仕入のメリットを得て，同一看板のもとで販売するため，各店は統一したマーチャンダイジング戦略をとります。

② 本部の指示の遵守

　原則として，店舗は販売に専念し，マネジメント部分を本部に任せること

がVCの成立意義です。基本的に戦略決定は本部の専管事項であり，加盟店は従わなければなりません。

＜本部の機能＞

① 仕入の集中管理

本部は加盟店の仕入代行機関として，メーカーや卸売業などの納品先企業に対応します。共同仕入によるコスト面でのメリットと効率化のために，仕入を一本化します。

② チェーン規模の拡大

VCの本部は，積極的に加盟店の拡大に努力し，規模の利益を得るように努めなければなりません。

③ 情報の集中管理と加盟店へのフィードバック

VCの本部は，各加盟店から寄せられる現場の情報を集中的に管理・分析し，各店舗の状況に応じて，情報を加工し，指導を通じて加盟店にフィードバックする役割を担っています。

④ 加盟店の業績評価

VC本部は，加盟店の経営状態を把握し，各店舗の業績と経営環境を踏まえて戦略の方向づけを行い，的確な指導を実施します。

1－3 フランチャイズチェーン（FC）

フランチャイズとは，ある企業が資本関係のない他の事業者に対し，店舗ブランド名や経営ノウハウなどを提供することに対し，対価を受け取る契約関係を指します。

⑴ 目的とメリット

＜加盟店のメリット＞

① 消費者に信頼されるトレードマーク（商標）が使える

誰もが知っている看板を使用することで，来店客の不安感や抵抗感を減らせます。

② 販売する品目やサービス内容についてのFC本部企業のノウハウを活用

できる

経営ノウハウはすべて本部が決定するので，加盟店は販売に専念でき販売効率を上げることができます。

③　経営上のリスクが少ない

業績が向上しない場合には，FC本部に経営指導を仰ぐことができます。また，信頼性の面から従業員の確保や育成が比較的容易です。

＜FC本部のメリット＞

①　少ない投資で急速な規模の拡大が可能

契約によってチェーンに組み入れるため，出店の投下資金は少なくてすみます。また，仕入先企業とは組織小売業としての規模の利益を生かして，有利な仕入交渉ができます。

②　確実な収入

契約によるロイヤルティ収入は，加盟店が存在する限り確実です。

③　情 報 収 集

多くの加盟店からの情報がFC本部に集約され，情報の分析を通じて，異なる条件下での販売動向を把握でき，的確な商品投入や売場づくりが可能になります。

図表1－2－3　フランチャイズチェーンのメリット

加盟店のメリット	FC本部のメリット
①　消費者に信頼される看板が使える	①　少ない出資で急速な規模の拡大が可能
②　販売品目・サービス内容について，本部企業のノウハウを活用できる	②　確実な収入がある
③　経営上のリスクが少ない	③　加盟店からの情報収集

(2)　組 織 構 成

①　加盟店間に横のつながりがない

FCの契約は本部と加盟店の一対一で独立して行われるために，加盟店同

士の横のつながりはありません。

② FC本部利益と加盟店利益は基本的に独立

　FCは，本部と店舗の結びつきは契約によるのみで，互いの利益に対して契約書以上の干渉はできません。

③ FC本部企業が大規模

　FCは，多店舗展開や積極的な宣伝活動が必要であり，資金力と知名度がある大規模企業が競争上の優位に立ちます。

(3) 運　営

フランチャイズビジネスを運営する企業のことをフランチャイザー（本部）といい，一方特権を与えられる者をフランチャイジー（加盟店）といいます。与えられる特権には，以下のものがあります。

・商標，サービスマーク，チェーン名称を使用する。

・開発した商品やサービス，情報など，経営上のノウハウを利用する。

・継続的に経営指導や援助を行う。

これらは，フランチャイズパッケージといわれ，フランチャイジーは利用した対価として，フランチャイザーにロイヤルティ（経営指導料）を支払います。

(4) 規　模

国内のフランチャイズビジネスは，チェーン企業数で1,339チェーン以上，店舗数26万3,490店，売上高合計は25兆5,598億円にのぼります。このうち，小売業は約10万9,708店舗で，18兆円を占めています。

1－4　レギュラーチェーン（RC）＝コーポレートチェーン（CC）

(1) 目　的

レギュラーチェーンは，多店舗経営を行う企業のことを意味し，1企業が類似する店舗を多数所有しており，本部によって集中的に管理され，各店舗は標準化されたオペレーションによって経営を行っています。

　この方式によって販売と仕入が分離され，仕入は本部が行い，店舗は販売に専念するという分業が行われます。大規模化した企業は，仕入面で大量仕入が

可能になり，メーカーに対して交渉力をもち，さらに独自の仕様を発注し生産させるプライベートブランド（PB）商品を導入して，小売業としての差別化戦略を展開しています。

(2)　組 織 構 成

　レギュラーチェーンは，本部も店舗も単一資本の中にあることが前提です。企業型のチェーンは規模の利点に依存するチェーンシステムです。

(3)　運　　　営

　レギュラーチェーンは，今日では店舗展開の基本的な手法になっています。しかし，総合品ぞろえスーパー（GMS）の成長は，1990年代から鈍化しています。その主な原因には，仕入先企業への過度の依存や消費者の生活向上，それに伴う購買行動の変化などがあります。

　特に消費者ニーズの多様化，個別化に伴い，本部による一括仕入と単品大量販売の手法は，必ずしも地域商圏内では受け入れなくなってきています。本部は権限を店舗に委譲することで，店舗が独自に商品を仕入れたり，販売促進政策を企画するケースもみられます。

▌*2* チェーンストアの基本的役割

2−1　チェーンストアの意味

　チェーンストアの定義は，「単一資本で11店以上の店舗を直接，経営管理する小売業または飲食業の形態」です。店舗を統一的に管理・運営する本部と，管理される店舗から構成されています。

2−2　チェーンストアのねらい

　チェーンストアは，各店舗の運営コストの低減と大量販売方式によって，総合生活需要（衣・食・住など）の創造や市場開拓を目標としています。

- 大規模な売場面積の店舗を広範囲に多数出店し，売上高の多さで市場の占拠率を確保する。
- 小規模な売場面積の店舗を一定のエリア内で集中的に出店し，店舗数の多さで市場占拠率を確保する。
- 商品カテゴリーごとに専門化した店舗を出店し，エリア内の同一商品カテゴリー市場において圧倒的な占拠率を確保する。

　チェーンストアの役割は，消費者に対して安価での商品供給という便利性提供と，メーカーに対して多店舗化によるバイイングパワーを発揮することで，仕入原価の引下げや開発商品の要請などの取引条件を実現しています。

2－3　チェーンストアの種類

　チェーンストアの種類は，次のようになっています。

① 資本形態による類型
- 単一資本…コーポレートチェーン（レギュラーチェーン）
- 共同資本…ボランタリーチェーン
- 契約による独立資本…フランチャイズチェーン
- 消費者の共同出資…生協チェーン

② 商圏規模による類型
- ナショナルチェーン（全国チェーン）
- リージョナルチェーン（広域チェーン）
- ローカルチェーン（地域チェーン）

③ 店舗形態による類型
- 総合品ぞろえスーパー（GMS），スーパーマーケット（SM），コンビニエンスストア（CVS）など

④ 商品分野による類型
- ライフスタイル型専門分野に特化したチェーン

2−4 チェーンストアの特徴

チェーンストアの特徴は，マス・マーチャンダイジングの機能をフルに発揮する大規模小売業としての性格があります。

(1) チェーンストアの特徴

- 本部主導型により，店舗運営をコントロールする。
- 販売方式はセルフサービスを主体，標準化された売場づくりと画一的な店舗運営を行う。
- 店舗での作業を標準化・効率化するためにマニュアルを活用する。
- 仕入の決定権は本部にある，店舗は補充・発注を行う。
- 一括集中仕入方式を採用，バイイングパワーを発揮する。
- 自社の物流センターを持ち，卸売機構を確立する。
- 効率的運営のために，情報システムを構築する。

2−5 チェーンストア経営上のメリットとデメリット

チェーンストアは，規模の経済性を発揮し，地域の消費者に商品を低価格で提供します。

(1) メ リ ッ ト

- 大量仕入による仕入コストの低減
- 店舗の標準化による運営コストの低下
- 加速度的に店舗の知名度が高まる
- 広告宣伝費などを削減できる

(2) デメリット

- 出店増加に伴うトラブルの発生
- 優秀な人材を確保することが難しい
- 画一的な店舗運営が地域のニーズに合わない
- 本部と店舗間のコミュニケーションが不足

3 販売形態の種類と特徴

　店舗販売は，消費者が直接，小売店の店頭で商品を購入する形態です。一方，無店舗販売は，店舗以外の手段を用いて商品を販売する形態です。

3－1　店舗販売

(1)　店舗販売の特徴

　店舗販売は，ある特定の場所に常時店舗を構えて商品を販売する形態です。

＜店舗販売の特徴＞

・店舗が存在する
・扱い商品が店内にディスプレイされている
・対象顧客は，一定の商圏内の消費者である
・顧客が店舗に来店し，店内で商品購入の意思決定をして購買する
・販売員による対面販売が基本である

(2)　店舗販売と業種別特性

　各種商品小売業や医薬品・化粧品小売業などは，9割以上が店舗販売です。これに対して，書籍・文房具小売業，自動車・自転車小売業などは店舗販売の割合が少ないです。

　業種や扱い商品によっては，店舗販売以外の販売形態を採用したほうが効率的・合理的な場合もあります。

3－2　無店舗販売

(1)　無店舗販売の種類

①　訪問販売

　販売員が家庭や職場を訪問して商品を販売する形態です。

②　移動販売

　トラックなどに商品を積み，住宅地やビジネス街などを移動しながら販売

する形態です。

③　通 信 販 売

　　カタログ・DM 販売，電話販売，テレビショッピングなどであり，最近ではネット販売もあります。

④　自動販売機による販売

　　飲料やタバコなどの自動販売機による販売です。

⑤　そ　の　他

　　仕出し販売，産直販売，月極め販売，共同購入方式などがあります。

(2)　販売形態別にみた年間販売額の割合

　店舗販売が 8 割強を占めており，残りの 2 割弱が無店舗販売です。無店舗販売では，「その他」（仕出し販売や共同購入方式など）の販売額が最も多く，以下は「訪問販売」，「通信・カタログ販売」，「自動販売機による販売」の順となっています。

3 - 3　小売業が兼業するネット販売

(1)　他の販売形態との併用

　小売業は，自店の扱い商品，店舗の立地条件，商圏などを検討しながら，他の販売形態を併用する企業も少なくないです。百貨店の外商やネット上での販売活動などがあります。

(2)　総合品ぞろえスーパーによるネット販売

　インターネットで注文を受けた商品を宅配するサービスが，単身・共働き世帯や高齢者の支持を得て，ネットスーパー事業が急速に拡大しています。

図表1－2－4　ネットスーパーのタイプと特徴

①　店舗型ネットスーパー	・店舗の従業員が売場を部門ごとに回って，商品を一括して集める ・集めた商品をバックヤードで顧客別に仕分けて梱包する ・梱包した箱をトラックの行き先別に振り分ける ・トラックに積み込んで配送する
②　倉庫型ネットスーパー	・倉庫でバーコードリーダーやはかりのついたカートを使い，商品を顧客別に仕分けて梱包する ・梱包した箱をベルトコンベアで運び，行き先別に振り分ける ・トラックに積み込んで配送する

(3)　その他のネット販売

　百貨店によるネット販売は，若い年代層の顧客の獲得の期待ができ，中心顧客の高齢化にも対応したいという考えがあります。

　コンビニエンスストアは，24時間営業や小商圏を生かして，商品の預かりサービスや決済代行サービスなどを提携して行っており，商品の宅配サービスと店舗での受取りが選択できます。

3－4　その他の販売方法

(1)　移動販売

①　移動販売の特徴

　移動販売は，人が集まりやすい特定の場所で，一時的に商品を販売する形態です。

＜移動販売の特徴＞

・トラックなどに商品を積んで，ある地域を移動しながら販売活動を行う

・商品は現物商品で，その場で売買を行い，現金取引である

・扱う商品の種類は，限定的である

・特定の場所，曜日，時間帯などを決めて，消費者への便宜をはかる

1 小売業の類型

- 自営業, 生業的な経営が多い
② 移動販売で扱われる商品

　移動販売で扱われている商品には, 食料品が多いです。生鮮品, フレッシュベーカリーなどがあります。

(2) 訪問販売

① 訪問販売とは

　訪問販売は, 販売員が各家庭や職場を訪問して商品を販売する形態です。

　その歴史は古く, 江戸時代以前から行われていた「物売り」や「行商」などが元祖といえます。店舗販売に先行した販売形態です。

② 訪問販売の特徴

- 対象顧客を自由に設定できる
- 販売員が見込み客を訪問して販売活動を行う
- 販売員による対面販売である
- 扱い商品は現物かカタログであり, 商品説明を行い, その場で売買する
- 家庭や職場にいながら商品の購入ができ, 利便性がある

③ 訪問販売の事業所数

　近年では, 働く女性の増加, 核家族化の進展, レジャーなどで外出が多いなどの理由から, 昼間の在宅率が下がっており, 訪問販売は縮小傾向が続いています。

④ 訪問販売で扱われている商品

　商品説明や実演販売をすることによって, 購買意欲を刺激できる商品が訪問販売に適しています。

　売上高ベスト 3 は, 化粧品, 健康食品, 清掃用具となっています。

(3) 通信販売

① 通信販売とは

　通信販売は, 印刷媒体や電波媒体を活用して, 消費者に商品やサービスを直接訴求し, 郵便や電話などで注文を得る方式を指します。

② 通信販売のしくみ

通信販売は，立地条件に関係なく対象顧客に積極的にアプローチすることができ，潜在需要を刺激して需要の顕在化を促すことが可能な販売手法です。

そのためには，顧客リストの収集と整備が欠かせない条件となっており，商品やサービス情報の提供には顧客リストがベースとなります。

③ 通信販売の主な種類と特徴

a　カタログ販売

印刷媒体を活用した通信販売の方式で，ダイレクトメールによって対象とする顧客に告知する方法と，店舗のカタログカウンターで手渡しする方法があります。

b　テレビ販売

電波媒体としてのテレビを活用して多くの不特定多数の消費者に商品やサービスを訴求し，電話などでレスポンスを得る販売方式です。

c　インターネット販売

近年，パソコンの普及によってインターネットを活用する販売方式であり，印刷媒体や電波媒体と併用しながら展開しています。

メリットとしては，商圏の設定が自由にできること，商品到着時間の迅速化，消費者ニーズにきめ細かく対応した販売促進ができることなどがあります。

４ インターネット社会と小売業

４－１　インターネットの普及

現代は高度情報社会といわれており，コンピュータによる情報処理とICT（情報通信技術）が飛躍的に発展し，日常生活のなかで「情報」が大きな意味を持つようになってきています。

　総務省「平成30年版　情報通信白書」によれば，2017年のインターネット利用率（個人）は80％を超えており，また端末別にみると「スマートフォン」での利用率が最も高く（59.7％），「パソコン」の利用率（52.5％）を上回っています。

(1)　ネットショッピングの普及

　インターネットの普及に伴い，それを通じた商品やサービスの購入が拡がっています。総務省「家計消費状況調査結果」によると，ネットショッピングを利用する世帯の割合は2002年には5.3％であったのが，2014年には25.1％に達しており，4世帯に1世帯がネットショッピングを利用しています。

　こうしたネットショッピングの世帯利用率は，全年代的に上昇しています。総務省「平成27年度版　情報通信白書」によれば，ネットショッピングの個人利用率は全年代平均で7割を超えています。

(2)　ネットショッピングを利用する・しない理由

①　ネットショッピングを利用する理由

　価格の安さや豊富な品ぞろえを求めてネットショッピングを利用する人は，若い年代に特に多く，実店舗で商品を購入する時間や労力を省くためにネットショッピングを利用する人は，シニア層に特に多くなっています。

②　ネットショッピングを利用しない理由

　利用しない理由も年代によって差がみられ，60代以上では「決済手段のセキュリティに不安があるから」，「ネットショッピング事業者の信頼性が低いから」，「実店舗で実物を見たり触ったりして購入したいから」を挙げる人の割合が高くなっています。

　ちなみに，インターネットで購入する際の決済方法としては，クレジットカード払いが最も多くなっています。

4－2　拡大する電子商取引市場とキャッシュレス対応の進展

(1)　電子商取引市場の実態

　インターネット上での電子商取引（EC）は，時間や場所の制限なく，誰で

も参加できるというメリットがあります。

① 電子商取引の種類

・企業間取引としての「B to B」

企業が企業に向けて商品を販売する取引です。

・企業と消費者間取引としての「B to C」

企業が個人としての消費者に対して商品を販売する取引です。

・消費者間取引としての「C to C」

個人が個人に商品を販売するビジネスモデルです。

② 電子商取引の実態

a．企業と消費者間（消費者向け）電子商取引の市場規模

日本国内の消費者向け電子商取引の市場規模は年々拡大しており，2017年は16.5兆円となっています。また，EC化率は5.79％と，市場規模の拡大に比例して増加傾向を示しています。

＊EC化率　リアル店舗を含む全ての商取引金額に対する電子商取引市場規模の割合のこと。

b．企業と消費者間（消費者向け）電子商取引の分野別構成

物販系分野では，「雑貨，家具，インテリア」と「事務用品，文房具」の伸び率が高くなっています。また，サービス系分野では，「飲食サービス」と「理美容サービス」の伸び率が高く，デジタル系分野では，「電子出版」と「有料動画配信」の伸び率が高くなっています。

c．消費者間電子商取引の市場規模

2017年のネットオークションの市場規模は，1兆1,200億円（前年比3.2％増）であり，このうち消費者間の取引部分は3,569億円（同3.2％増）と，ネットオークション市場の約32％に相当する規模となっています。

(2) 加速するキャッシュレス社会

① キャッシュレス対応の進展

キャッシュレスとは，「物理的な現金を使用しなくても活動できる状態」（経済産業省の定義）をいいます。日本のキャッシュレス決済比率は，2016

年には20.0%となっています。

　同省のキャッシュレス・ビジョンでは，2025年にクレジットカードや電子マネーでの決済比率を４割以上に引き上げることを目標としており，スマートフォンなどでのアプリケーション連携による多様なサービスが登場する環境の実現を目指しています。

② キャッシュレス決済のメリットと課題

＜メリット＞

　ａ．会計処理が楽になる

　キャッシュレス化によって，現金管理のリスクが低減でき，よりスムースな会計処理を行うことができます。

　ｂ．現金管理の手間が省ける

　キャッシュレス決済にすることで，レジ締め処理が不要となり，売上はすべてデータ化され，レジ入力のミスが発生しません。

　ｃ．客数・客単価の向上が期待できる

　キャッシュレス対応の端末を導入していれば，購買機会が増える可能性が高く，集客力の向上が期待できます。

＜課題＞

　ネットショッピングの普及に伴い，カード不正利用の抑止など安全確保の必要性が高まってきます。安全，かつ，安心して利用できる環境整備に向けて，クレジットカード IC 化や決済端末の整備などの施策が進められています。

４－３　変化する消費者の買物スタイル

(1) リアルショップからネットショップへのシフト

　インターネット通販市場の伸展が続く状況の中，さまざまな業界においてネット通販へのシフトが急激に加速し，小売業を取り巻く環境は激変しました。

① リアルショップとネットショップ（通販）の比較

リアルショップの強み	ネットショップの強み
・商品を直接手に取って確認できる	・いつでも，どこからでも購入できる
・販売員による高度な接客が受けられる	・口コミや商品レビューが見られる
・店内を歩いてショッピングが楽しめる	・詳細な商品情報が載っている
・こだわりの品ぞろえになっている	・豊富な品ぞろえの中から選べる
・買ったその場で商品が手に入る	・他店との価格の比較が簡単にできる
・返品や交換がしやすい	・クーポンや特典が多い

② ショールーミングや口コミによる商品評価

　ショールーミングとは，リアルショップで商品の特徴や在庫を確認し，購入はネット通販で行う現象です。

　具体的には，消費者がネットで売れ筋商品などを確認したあと，興味のある商品の属性をチェックするためにリアルショップをショールーム代わりに使って，実際には購入せず，通販サイトで当該商品の価格を比較し，最も安いサイトから購入し，後日，自宅などで商品を受け取る行動のことです。

　また，ネット上の商品レビューや口コミによる評判を確認して，商品の購入を決めている消費者も少なくないと思われます。

③ オンラインとオフラインの融合

　消費者は，商品の購買決定を判断するためにネットとリアルショップを行き来することが一般的になっています。今日の小売店には，ネットショップとリアルショップのどちらも利用する顧客に合わせた施策を実施することが求められています。

　a．O2Oとは

　　・O2Oとは

　　　「Online to Offline」の略称で，オンラインとオフラインを連携させて顧客の購買活動を促進させるマーケティング施策のことです。

　　　代表的な方法としては，店舗で使えるお得な割引クーポンや，スマートフォンのGPS機能と連動したチェックインクーポンの配信などが挙

げられます。顧客を自店へ誘導するという視点からは，新規顧客が効果的なターゲットといえます。

・O2O の特徴

マーケティング施策の効果が簡単に測定できることです。たとえば，Web 上で配信したクーポンを実際にリアルショップで使用した人数を数えるだけで効果を測定できます。また，クーポンの期限を区切れば，一定期間内での効果を測定できるため，比較的低コストで即効性の高い施策が実施できます。

反面，クーポンなどの特典がなければ商品を購入しないなど，長期的な利益をもたらすリピーターの育成には効果が薄いことも指摘されています。

④　ネット通販に対抗する小売業の取組み

ネット通販の台頭で，小売業は苦戦を強いられています。こうした状況のなか，小売業各社はネット通販には無い体験を売場で顧客に提供し，顧客満足度を高めることで，来店客の囲い込みをはかろうとしています。

具体的には，仮想現実（VR）や拡張現実（AR）といった技術を活用して，顧客が商品を類似体験できる仕組みを導入する動きがあります。

＊VR（仮想現実）　仮想世界に現実の人間の動きを反映させて，現実ではないが現実のように感じさせる技術のこと。

＊AR（拡張現実）　現実の世界の一部に仮想世界を反映させる技術のこと。

(2)　オムニチャネルの取り組み

①　オムニチャネルとは

オムニとは，「すべての・全体の」という意味です。リアルショップとネットショップの区別をつけず，あらゆる販売チャネルを統合し，どの販売チャネルからも顧客が同じような利便性で，商品の注文，受取り，支払い，返品などができる流通環境のことをいいます。

オムニチャネルの取組みにより，顧客はさまざまなデバイスを通して，欲しい情報を簡単に入手でき，その時々に応じて最適な購入および受取り方法

を選択できる利便性を享受できます。

②　オムニチャネルのねらいと課題

　オムニチャネルのねらいは，リアルショップと Web サイトが保存する顧客情報や商品の在庫状況，ポイントなどのデータをシステムで統合してサービスを提供することです。顧客はオンラインもオフラインも意識せずに商品を購入することができます。

　こうしたユーザーフレンドリーの取組みを徹底することによって，顧客のリピーター化とファン化をはかり，ファンになった顧客が SNS などで好意的な情報を発信することで小売業における顧客の囲い込みがさらに進展し，その結果，長期的な売上高と利益の増大が見込めます。

　オムニチャネルは，顧客満足度を高めるために，必要不可欠な施策ですが，システム刷新や大幅な社内調整が必要になり，O2O に比べて即効性が劣るため，導入のハードルは高いです。そのため，全国的な店舗網を持つ大規模小売店や，ネットショップ主体の企業などに向いているといえます。

第3章

店舗形態別小売業の基本的役割

1 小売業態の基本知識

1−1 業種と業態の違い

(1) 店舗形態と店舗運営の形態

　業態とは，特定のニーズを持った顧客に対し，どのような売り方をするかという店舗の運営形態をトータルにみた概念です。

(2) 業種と業態の違い

　業種とは，「何を売るか」によって小売業を分類する概念です。小売業の店舗が取り扱っている主要な販売品目で分類しています。

　一方，業態は，「経営の方法や販売方法など各機能のしくみ」を指しています。特定のニーズを持つ消費者に対して，どのような商品やサービスを，どのような方法・しくみで提供するのかという経営方法で分類しています。

1−2 業種店から業態店へ

　小売業は，業種店から業態店へと変わる必要があります。

(1) 取扱商品と対象とする顧客との違い

　業態店は，主要な顧客層を明確にしており，特定の生活シーンに対して，取り扱う商品やサービスの組合せなどを提案しています。

1－3　業態は顧客の側に立った経営の総称

(1)　業態とは購買目的や購買方法が基準

　現代は，顧客が望む商品，小売店頭で売れる商品を生産者がつくる時代へと変わりました。

　業態は，顧客の立場に立ち，購買目的や購買方法を基準として小売業を分類する方法です。商品特性の専門性を明確にし，対象顧客の生活シーンに対応する小売店であることを，経営の各機能面に明らかにしたものでなければなりません。

図表1－3－1　業種と業態の違い

業　　種	業　　態
商品のつくり方を基準とした分類 　（生産者側の立場から特定商品を取り扱うビジネスの種類） 商品の特性による分類（何を売るか）	商品の使い方を基準とした分類 　（顧客のライフスタイルの変化に対応した購買促進のタイプ） 売り方，経営方法による分類（どのように売るか，いかに買ってもらうか）

■2 専　門　店

2－1　専門店の定義

　専門店は，広義の商業統計調査の業態分類の定義では，取扱商品において特定の分野が90％以上を占める非セルフサービス（対面販売）店を指します。

　狭義には顧客の欲求にどのように応えるかという顧客ニーズへのこだわりを持つ業態店です。

2－2 専業（業種）店と専門（業態）店の相違

(1) 戦 略

専業（業種）店は，自店は何を売る小売店なのかという発想からはじまります。これに対し，専門（業態）店は，顧客のどのようなニーズに，どのように応えるかを発想の原点においています。

(2) 品 ぞ ろ え

専業（業種）店は，品種ごとに多品目の商品構成を行います。一方，専門（業態）店は，顧客の欲求に注目して品ぞろえをはかります。

(3) 目 標

専業（業種）店は，来店客数の増加により，売上の拡大をはかります。一方，専門（業態）店は，同一顧客のリピート購買を売上増加の基本とします。

(4) 経営のポイント

専業（業種）店は，何がどれだけ売れたかに注目します。一方，専門（業態）店は，誰が何をどのような目的で買ったかに注目します。

図表1－3－2　専業（業種）店と専門（業態）店の相違

	専業（業種）店	専門（業態）店
戦　　略	商品の専門性，商品からの発想	顧客ニーズの専門性，顧客ニーズからの発想
品 ぞ ろ え	多 品 目	顧客ニーズに合わせる
目　　標	客数（売上）の拡大	固定客の獲得と維持
経営のポイント	商品管理が主体	顧客管理が主体

【専門（業態）店の特徴】

専門（業態）店は，単一品種または限定した品種に商品を絞り込み，その中で独特の商品構成とサービスを行う小型～中型の店舗である。オリジナルの商品開発や売場づくりに特色を出し，個性化戦略を進めている。

＜SPA＞

　本文では触れていませんが，アパレル業界などではSPAが注目されています。

　SPAとは，Speciality store retailer of Private label Apparelの頭文字を組み合わせた造語で，衣料品業界から発生しました。直訳すると生産販売小売業となり，小売業者が製品の企画・製造を行うことを意味します。つまり，小売店が消費者ニーズを綿密に調査し，売れそうなものだけを自社で企画し，製造は自社工場あるいは人件費の安い外国で行い，市場での競争力を有しようとする試みになります。

　現在，POSなどの情報機器が発展しており，大手メーカーのマーケティング調査よりも，大手小売チェーンの消費者分析の方が精密かつ精度が高くなってきているようです。このような，自店独自の消費者情報を利用して，自社企画製品を素早く市場に投入することで，業績向上させようとするわけです。

　SPAはこのようにアパレル関連から生まれましたが，その後さまざまな業種で応用されています。そのため現在では，小売側が原材料調達，製品企画・開発，製造，流通，在庫管理，店舗企画，販売など生産から流通までのすべての工程をひとつの流れとして捉えることで，全流通過程のムダやロスを排除するような考え方・取組みと解釈されてきています。

3 百 貨 店

3－1　百貨店のマーチャンダイジング

　百貨店が取り扱う商品部門は，ファッション衣料品が中心ですが，最近は食品部門が販売金額を伸ばしています。全般的には商品回転率の低い商品を販売しています。

　品ぞろえでは，ブランド品を中心に高級品を比較的多く扱っており，定価販売が原則です。また，他店との差別化をはかるために，独自のオリジナル商品を取り揃え，ブランドの信頼性と店舗の信頼性とが相乗効果を生み，消費者に対して強くアピールすることができます。

　＜オープン価格＞

　百貨店の価格政策は定価販売が基本であり，いわゆるオープン価格は敬遠しがちです。オープン価格とは，メーカーが，最終消費者向けの「希望小売価格」を設定せず，流通させる制度です。卸売や小売は，メーカーから仕入れた後，自社の利益を乗せて次の流通段階（小売や消費者）に販売します。価格設定が自由であるため，競争が促進され，消費者にメリットがあると考えられています。

　これに対するものが建値制度で，メーカーが希望小売価格を設定します。メーカーから卸への販売価格，卸から小売への販売価格，小売店頭での販売価格などは，すべて「メーカー希望小売価格の〇〇％」というような表現で取引されていきます。この制度の場合，メーカーが設定した希望小売価格の尺度の中での流通価格となり，卸や小売の経営上の自主的判断や価格競争等が起こりづらく，最終的に消費者のメリットが少ないとされています。

　メーカーの影響力が強かった時代は，実質的に建値制度が中心でした。

メーカーは，流通過程を価格面から統制することが可能であり，また最終価格の値崩れを防ぐことで自社ブランドの価値を保持することもできたわけです。しかし，小売側が流通上のリーダー（チャネル・キャプテン）として影響力を保有してきた現在，特に家電業界や食品業界などではオープン価格が一般的になってきています。

3－2　百貨店の販売形態

⑴　委託販売への依存

日本の百貨店の特徴は，仕入先企業に売場を貸して商品を販売する委託販売が多いことがあげられます。

百貨店は在庫を抱えるといったリスクを負わないメリットがありますが，半面粗利益額は買取販売と比べて少なくなります。

委託販売は売場で販売している商品に一貫性がなくなり，消費者から支持を得にくくなっており，見直される傾向にあります。

⑵　自主マーチャンダイジングの高まり

最近では，百貨店自らが商品を仕入れ，販売にもリスクを負いながら，変化の速い消費者ニーズに即時に対応する自主マーチャンダイジングを導入するところも増えてきています。

⑶　外商部門の販売ウェイトの変化

百貨店としての信用と伝統，実績があるため，有力顧客のところに訪問して商品を販売する外商部門があります。

企業を対象とした法人外商は，百貨店の売上の中でも重要な位置を占めていますが，最近では企業側の経費削減から売上が減少し，収益に影響しています。一方，個人外商は，高額所得者を中心としていますが，優良顧客の囲い込みによる収益の向上が求められる中で，改めて見直されています。

3－3　百貨店の店舗展開・運営

　百貨店は，部門ごとに商品管理を行っていますが，基本的に店舗ごとの運営であり，仕入や販売方法は，各店舗ごとに任されています。

　百貨店は，人口密度の高い都市に1店舗ずつ出店しており，商品の仕入も地域性に対応して行われます。収益性を上げるために，店舗ごとの規模の拡大と効率性を高めなければならないため，店舗ごとに分社化しているケースもみられます。

【百貨店の特徴】

　百貨店は，単一資本の経営によって多種多様な商品を部門別に管理し，高サービスを基本として販売する大規模小売店である。法人需要の低下や高額品の売上低下は，百貨店にとっては命取りとなる。

　また，多くの商品は，委託販売でリスクが少ないと同時に，仕入先企業などの派遣社員に依存した経営を行ってきた。最近，一部の商品については，自らの責任で仕入れ，販売する自主マーチャンダイジングに取り組み始めている。

4　総合品ぞろえスーパー（GMS）

4－1　総合品ぞろえスーパーの定義

　GMS は，General Merchandise Store の略で，日本では総合品ぞろえスーパーと訳されます。総合品ぞろえスーパーは，食品や衣料，家具，日用雑貨などを幅広く取り扱います。売場面積の大きなセルフサービス型の店舗であり，商品の総合化によるワンストップショッピングの便利性を顧客に提供する大型小売店舗です。

4－2　チェーンストア展開による売上拡大

　総合品ぞろえスーパーを経営する小売業は，すべてチェーンオペレーションを採用しています。

　広範囲に及ぶ多品種の商品を大量に仕入れ，大型店で大量販売するためには，規模のメリットが不可欠であり，仕入先との交渉を本部で一括して行い，店舗は消費者に商品を販売する機関として機能します。

　また，出店に際して，企業型チェーンは，自らの資金で自己の店舗を開業します。

4－3　店舗の基本スタイル

　当初の総合品ぞろえスーパーは，駅前などの商業集積地に出店することが多かったですが，近年では郊外に店舗展開するケースが増えています。郊外に巨大な店舗を構え，商品を幅広くそろえて安価で提供し，広大な商圏からの車による来店を誘引するようになっています。

　その後，市民の郊外移転が一段落し，大規模小売店舗法によって出店が規制されたために，地域の有力小売店をテナントとして迎え入れる形が一般的になりました。

　テナントとの共存というスタイルをさらに発展させたのが，ショッピングセンターの開発です。総合品ぞろえスーパーを核店舗として開設し，テナントを募集し，顧客誘引をはかる考え方です。

【総合品ぞろえスーパーの特徴】

　総合品ぞろえスーパーは，安さを旗印に，「スーパー」と呼ばれてきた。重層式の建物に衣食住の日常商品をフルラインで品ぞろえし，ワンストップショッピングの代表的な業態と位置づけられてきた。

　近年，他の専門店チェーンに部門ごとのシェアを奪われ，業績の低迷が続いているため，一部ではスーパーセンターへの移行やプライベートブランド

（PB）商品の拡大・強化などに取り組んでいる。

＜大型店に関する規制＞

　大型店に対する規制として，従来は大店法（大規模小売店舗法）があり
ました。これは，大型店が出店することで周辺の中小小売商業者の事業機
会が減少することのないように，大型店の営業時間や休日を規制しようと
するものでした。表立った表現はされていませんが，中小小売業を保護す
る規制であるという側面は否めませんでした。

　この大店法は，規制緩和の流れから2000年5月で廃止されました。代わっ
て同年6月から大店立地法（大規模小売店舗立地法）が施行されています。
大店立地法は，大型店の自由な営業活動を意図的に制限しようとするもの
ではなく，大型店の出店と周辺地域の生活環境の調和をはかろうとするも
のであり，環境への悪影響を防ごうとする内容となっています。ここでも，
経済的規制の緩和と社会的規制の強化という流れがとらえられます。

　大店立地法は，他の法律のかねあいで今後部分的に改正される可能性が
ありますので，新聞やニュースなどで関心を持っておいて下さい。

5　スーパーマーケット（SM）

5－1　スーパーマーケットの定義

　スーパーマーケットは，商業統計調査における業態分類では，専門スーパーに分類されています。

　＜専門スーパーの定義＞

・店舗面積250㎡以上

・販売はセルフサービス方式

・取扱商品において，衣・食・住のいずれかが70％を超える

　一般的には，食品の取扱構成比が70％を超える食料品スーパーのことをスーパーマーケットと呼びます。生鮮食料品中心でセルフサービス方式の店舗です。

5－2　セルフサービス販売方式と食料品

　日本初の食料品のセルフサービス店は，1953年に東京都港区青山にオープンした紀ノ国屋食料品店といわれています。全く新しい販売方法であるセルフサービス方式は，その後急速に普及しました。

【スーパーマーケットの特徴】

　スーパーマーケットは，生鮮食料品を中心とする毎日の食生活に欠かせない食材の提供および外食と家庭内食の中間食を便利に品ぞろえし，セルフサービス販売方式を主体に，一括集中レジで清算する部門管理型低マージン・低価格販売の店舗である。

　今日でも，完全に全国的チェーン展開を果たしている企業はない。ローカル（地域）またはリージョナル（広域）の出店にとどまり，地域密着型の高さがスーパーマーケットの特徴となっている。

6　ホームセンター（HC）

6－1　品ぞろえの特徴

　日本のホームセンターの取扱品目は，日曜大工や補修関連（木材・建材，資材，道具・工具，金物，塗料など）とともに，園芸，ペット，カー用品などの商品群も取り揃えています。

6－2　売場の拡大と新しい部門への挑戦

(1)　新業態への移行

　ホームセンターの店舗は，当初150坪〜300坪タイプが主流でしたが，その後，取扱品目の拡大と店舗規模の拡大を続けています。

　大型化したホームセンターのタイプは，最近では約１万㎡（3,000坪）のところも増えてきました。

(2)　ユーザー市場への対応

　取扱部門の拡大として新しい傾向は，プロの需要への取組みがあります。建築業者に対応した品ぞろえや，農業資材への取組みがあります。

　最近のホームセンターは，品ぞろえ強化のために，資材館を設けているケースが多く，会員制やカードビジネスに取り組むところも増えてきています。また，リフォーム事業に挑戦しているところも増えてきています。

【ホームセンターの特徴】

> ホームセンターの店舗形態は，取扱商品の特性から二極分化している。市街地の小型店では，シャンプーや紙類など生活必需品を中心として DIY や園芸用品をつけ足すタイプである。一方，郊外の大型店舗は，スーパーホームセンターやスーパーセンターといった新しいタイプとして成長している。
>
> この郊外型は，本業の DIY 用品や園芸用品に加え，食料品や医薬品などの部門を設け，来店客数の増加を見込むように進化している。

7　ドラッグストア（DgS）

7－1　ドラッグストアの定義と現状

経済産業省の商業統計調査における業態分類では，ドラッグストアとは，①セルフサービス販売，②医薬品・化粧品小売業に属する，③一般用医薬品を扱う，と定義されています。

ドラッグストアは，本来 H＆BC（健康や美に関する）カテゴリーの商品を主体に販売する専門業態です。しかし現実には，医薬品などの付加価値の高い商品で得られた利益を，生活必需品の低価格販売にまわして来店客を増やし，売上高を増加させる経営を行っています。

また，改正薬事法の施行に伴い，一般用医薬品は第1類から第3類までに分類され，登録販売者が第2類と第3類医薬品を販売できるようになりました。

7－2　ドラッグストアの特徴

(1)　メインターゲットは女性

ドラッグストアの主力商品は，化粧品，健康食品，トイレタリー商品などであり，女性客の消費者心理に対応しています。

(2) 美 と 健 康

　商品群が提供する価値として「美と健康を提供する」ことが重視されており，主として女性客を引きつけています。

(3) セルフメディケーション

　自分自身の手で健康管理を行うことを重視しており，美しく健康な暮らしに対する医薬品の貢献を訴え，セルフメディケーション概念の普及を促進しています。

【ドラッグストアの特徴】

　ドラッグストアは，原則として調剤を核部門として，H＆BC カテゴリーを中心に季節提案する業態である。特に，薬剤師や登録販売者が専従する許可営業だけに，規制の対象となる店舗である。

　本来は，専門性を強化すべき業態であるが，一般的には洗剤や紙類，そして食料品や飲料水といった生活必需品を低価格で販売し，売上を維持するドラッグストアが多い。

8　コンビニエンスストア（CVS）

8－1　店舗としての特徴

(1) 飲食料品を扱う

　日配食品と加工食品を合わせて，売上高の70％近くを占めており，商品の中核となっています。的確な販売予測を可能にする POS システムの早期導入や専用の生産ラインを契約工場に設けさせるなどの努力を行ってきました。

(2) 営業時間14時間以上

　大手のコンビニエンスストアは，ほとんどの店舗が24時間営業となっています。顧客の生活スタイルに適合し，また地域住民の安全と防犯への寄与という

結果ももたらしています。

8－2　運営上の特徴

(1)　商圏のさまざまな情報を収集

　フランチャイズチェーン方式を採用しているコンビニエンスストアは，店舗数が非常に多く，全国に広がっています。日本各地における多様な住民構成や店舗立地に関する顧客動向が把握できる強みを持っています。

(2)　販売情報の徹底活用

　コンビニエンスストアの本部は，多くの加盟店から収集した販売動向を分析し，各地域の店舗ごとに最適な品ぞろえと物流を組み立てます。多品種少品目少量の迅速でムダのない受発注と物流の実現のため，大規模で高度な情報システムを構築しています。

【コンビニエンスストアの特徴】

　コンビニエンスストアは，アメリカ生まれの日本育ちという店舗形態である。顧客にとっての利便性をコンセプトに，すぐ食べられるモノを中心に，日々の暮らしに欠かせないデイリー商品を幅広く品ぞろえしている。

　約30坪の小型店舗に，約3,000アイテムを絞り込み，それらを頻繁に入れ替えながら顧客の多頻度な来店促進をはかっている。

　原則として，フランチャイズチェーン方式によって，各エリアできめ細やかな多店舗展開を行うシステム化された小売業態である。

■*9* その他の店舗形態

9－1 ディスカウントストア（DS）

　低価格での販売を最優先する小売業態であり，仕入費用を抑え，薄利多売を目指します。チェーンオペレーションによる大量仕入，大量販売を志向する企業が多いです。

　食品を広範に取り扱う総合型と，絞り込んだ品目のみを取り扱う限定型に大別できます。

9－2 100円ショップ

　店内の全品目を100円（税別）で販売する店舗です。急速にチェーン展開をはじめ，統一単価にすることで，衝動買いやついで買いを促進し，また事務作業の簡素化ができる便益があります。

9－3 アウトレットストア

　ブランド品の売れ残りや流行遅れ品などを格安で販売する在庫処分店を意味します。複数のアウトレットストアが意図的に集まり，アウトレットモールと呼ばれる店舗集積地を形成する例が増えてきています。

9－4 COOP（消費生活協同組合）

(1) 生協とは

　生協（消費生活協同組合）は，多数の組合員から構成され，組合員によって共同出資されて経営される協同組織体です。

　生協には，地域単位で組織される「地域生協」と，大学などの生協のように職域単位で組織される「職域生協」があります。

(2)　組織構成と運営

　生協は，協同組合であり，利益を追求しない，非営利団体です。事業主体と販売対象は自らの意思で出資した一般市民の組合員です。

図表1-3-3　COOPの特徴

法　　　律	消費生活協同組合法
目　　　的	非　営　利
経済的基礎	出　資　金
出資者の構成員	組　合　員
意思決定機関	組合員から選出された総代による総代会

(3)　共同購入

　共同購入とは，組合員同士が班をつくり，生協からまとめ買いをするしくみです。急速に普及した共同購入は，1985年頃から働く女性の増加により停滞しています。

①　地域密着

　組合員は，地縁で結びついた主婦層が中心となっており，地域への密着度が高いです。

②　無店舗の生協が多い

　十分な数の組合員が見込めない中小規模の生協は，無店舗・配達という流通システムを採用しています。

③　組合員の交流の場

　生協での共同購入は，新しい土地で地域社会に溶け込む好機となっています。

　近年では，共同購入だけでなく，個人宅配サービスを行う生協が増えています。さらに，情報化社会に対応したインターネット販売にも力を注いでいます。

第4章

商業集積の基本

1 商店街の現状と特徴

　商業集積とは，一定の地域に，小売業やサービス業また飲食店などが集中して立地する状態のことです。具体的には，1）自然発生的に形成された商店街と，2）ディベロッパーなどによって計画的に開発されたショッピングセンターがあります。

1−1　商店街の概要

(1)　商店街の役割

　①　小売機能の集積地

　　商店街は，小売機能の集積地であり，小売業における経営の場です。

　②　消費者の購買と生活の場

　　消費者にとって買物の中心となる場であり，さらに買物を含めた生活の場でもあります。

　③　都市機能の一部

　　都市のなかに特徴のある街区を形成し，都市の諸施設および諸機能の一部を担っています。

(2)　商店街の抱える問題

　①　ワンストップショッピング機能の欠如

　　消費者が必要とする商品を当該商店街内において容易にまとめ買いさせる

ことができません。

② 買物環境の未整備

　モータリゼーションの進展に対する基本インフラが追い付いていません。

③ 権利義務の多様性

　地権者が多く，権利調整の合意形成が困難で，近代化のための再開発が難しい。

1－2　商店街の分類と機能

(1) 商圏規模による商店街の分類

① 近隣型商店街

　地域住民の日常的な買物に対応して形成される商店街です。日常性の高い最寄品を販売する店舗を中心に構成されています。核となる店舗としてスーパーマーケットを擁する商店街も存在しますが，一般的に商圏は狭いです。

② 地域型商店街

　大都市の周辺部や地方の小都市中心部などに形成される商店街です。最寄品販売店舗も所属しますが，買回品を販売する店舗の比率のほうが高い商店街です。さらに，サービス業や金融機関も所属するため，一般的に商圏は近隣型よりもやや広くなります。

③ 広域型商店街

　県庁所在地などの都市中心部に形成される商店街です。買回品販売店舗を中心に構成されており，百貨店や総合品ぞろえスーパーを核店舗として擁します。ほかにも，サービス娯楽施設などを擁し，一般的に商圏は地域型よりも広くなります。

④ 超広域型商店街

　政令指定都市クラスの大都市中心部に形成される商店街です。有名な専門品や高級専門品の販売店舗を中心に構成されており，複数の百貨店や量販店を核店舗として擁します。そして，ホテルやアミューズメント施設など，全国的な知名度を誇る機能を活用して，遠方からの集客をはかり，一般的に商

圏は非常に広くなります。

(2) 立地場所による商店街の分類

① 都市中心部（繁華街）型

都市の中心部に位置している商店街です。多くの場合，鉄道の駅前などアクセスが容易な場所にあり，駅の利用客を主な顧客としています。

② 住宅地型

住宅地に近接する商店街です。主に住宅地周辺の住民を顧客とします。

③ 門 前 型

神社仏閣に近接する商店街です。主に参拝者や社寺に関係者を顧客とします。

④ 観光地型

観光地の施設に近接する商店街です。主に観光客を顧客とし，土産物や特産品などの物販とサービスを提供します。

⑤ ロードサイド型

幹線道路沿いに形成された商店街です。主に自家用車で移動する顧客を対象とし，多くは郊外においてみられます。

(3) 商店街の機能

- 利便性……便利な買物，交通の便利さ
- ふれあい性・賑わい性……地域との密着度，人とのふれあい
- 安全性……歩行安全性，防災・保安上の安全
- 情報性……買物に役立つ情報提供
- 快適性……街の快適さ
- 娯楽性……飲食施設の充実，娯楽施設
- 文化性……文化・伝統の活用，文化・教養施設

1－3　商店街の実状

近年では，大型商業施設などが進出して競争が激化したり，店舗の経営者の高齢化や後継者不足などによる廃業も目立つようになってきています。とりわ

け1990年代以降，全国で商店街を含む中心市街地の衰退傾向が顕著になっています。

このような状況の解決に向け，行政は地域の実情に合ったまちづくりを行うことを目的に「まちづくり三法」（大規模小売店舗立地法，改正都市計画法，中心市街地活性化法）を制定，施行し，地域住民のための環境整備をはかっています。

(1)　商店街の概要

平成27年の商店街実態調査によれば，1商店街当たりの空き店舗数は平均5.3店で，空き店舗率は13.17%となっています。さらに，空き店舗の今後の見通しも，「増加する」と回答した商店街が全体の4割以上（42.6%）を占めており，商店街の構造的問題としての深刻さがうかがえます。

(2)　商店街の景況

①　商店街の最近の景況

商店街の最近の景況をみると，「繁栄している」商店街は全体のわずか2.2%にすぎません。また，「繁栄の兆しがある」とする商店街も3.1%にとどまっています。

一方，7割近くの商店街は「衰退している」（35.3%），「衰退の恐れがある」（31.6%）と感じています。

②　最近の商店街への来街者の動向

最近3年間における商店街への来街者数の変化については，「減った」という回答が最も多く（56.6%），5割を超える商店街で来街者が減少しています。その主な要因としては，「魅力ある店舗の減少」です。

③　商店街の抱える問題

現況の商店街が抱える問題としては，「経営者の高齢化による後継者問題」が64.6%で最も多くなっています。依然として，後継者問題について有効な対策が打ち出せていない状況が続いています。

2 ショッピングセンターの現状と特徴

2－1 ショッピングセンターの概要

　ショッピングセンターは，ディベロッパーが計画的に造成した商業集積です。広い敷地と多くの駐車スペースを有し，大型小売店（核店舗）と専門店（テナント）を，同一あるいは複数の建物の中に収容し，巨大な商業空間を形成しています。

(1)　ショッピングセンターの定義

　ショッピングセンターは，一つの単位として計画，開発，所有，管理運営される商業・サービス施設の集合体であり，駐車場を備えるものをいいます。

＜取扱い基準＞

- 小売業の店舗面積は，1,500㎡以上であること。
- テナントのうち，小売店舗が10店舗以上含まれていること
- キーテナントの面積が全体の80％程度を超えないこと。
- テナント会があり，共同活動を行っていること。

　テナントとは，原則としてデベロッパーとの間に賃貸借契約を結んでいる店舗のことであり，またキーテナントとは，主に当該ショッピングセンターに商圏・客層を決定する大きな影響力を持つ大型小売店舗を指している。

(2)　デベロッパーとは

　ショッピングセンターを計画・開発し，建物を所有，管理・運営する事業者を「デベロッパー」といいます。デベロッパーは，専業で事業を運営しているタイプと，多角化事業の一環として他の産業から参入したタイプに分かれます。

　後者には，①百貨店や総合品ぞろえスーパーなどの小売業系，②大手不動産業系，③運輸業系，④製造業系，⑤商社系などがあります。

2－2　ショッピングセンターの類型と特徴

(1)　商圏規模による分類

①　ネイバーフッド型SC（NSC）

　スーパーマーケットやドラッグストア，ディスカウントストアなどがキーテナントとなる比較的小型のショッピングセンターです。

　地元の小商圏をターゲットとして，日常性の最寄品を中心に生活密着型のサービス業，飲食店などを併設し，住宅地の近隣に立地します。

②　コミュニティ型SC（CSC）

　総合品ぞろえスーパーなど1～2店舗がキーテナントとなる中規模のショッピングセンターです。

　最寄品と買回品の両方を提供し，これに専門店や飲食店などを併設しています。都市郊外の駅前などに立地することが多く，ネイバーフッド型よりも広い商圏をターゲットとしています。

③　リージョナル型SC（RSC）

　百貨店，総合品ぞろえスーパーなどのキーテナントと専門店が一体となって集積する大規模のショッピングセンターです。有名専門店，飲食店，サービス店，アミューズメント施設などが計画的に配置された時間消費型のショッピングセンターです。

　天井があって建物の真ん中に大きなモール（通路）がある「エンクローズドモール」型が主流で，気候や天気に左右されず，各店舗間を自由に行き来できるのが特徴です。

　県庁所在地クラスの大都市郊外に立地することが多く，商圏は広域に及びます。

④　スーパーリージョナル型SC（SRSC）

　複数の百貨店，総合品ぞろえスーパーなどのキーテナントと専門店が一体となって集積する超大型のショッピングセンターです。小売店舗のほかに，シネマコンプレックスやアミューズメント施設，ホテルなどを併設し，リー

ジョナル型に比べさらに強いテーマ性を持つ場合が多いです。

　商圏は非常に広く，政令措定都市や県庁所在地クラスの大都市郊外に立地することが多いです。

⑵　日本固有のショッピングセンター形態

①　駅ビル型 SC

　鉄道の駅舎に併設された駅ビル内に店舗や飲食店などがテナントとして入居しているものです。

②　地下街型 SC

　地下に設置された不特定多数の歩行者の通行のための道路に面したショッピングセンターです。多くは都市の中心部にあるターミナル駅につながる場所に存在しています。

③　ファッションビル型 SC

　ファッション分野のテナントに特化して集積した都市型ショッピングセンターです。

⑶　特別なタイプのショッピングセンター

①　アウトレットモール

　メーカーや小売店の在庫品を割安で処分するための店舗であるアウトレットストアが集積したディスカウント型のショッピングセンターのことです。

　アウトレットモールは，地価の安い大都市郊外に開発するケースが一般的ですが，観光地や避暑地の近くに立地していることも少なくありません。

　従来は，メーカーが運営する直営店で構成される「ファクトリーアウトレット」と，小売店が運営する「リテールアウトレット」と区分されてきましたが，近年は同質化する傾向があります。

②　エンターテインメントセンター

　市場の持つ賑わいや祝祭性を全面に打ち出したショッピングセンターであり，フェスティバルセンターと称する場合もあります。

　お祭り的な非日常性が重視され，裏路地のような感じや，そぞろ歩きしたりできる回遊型，探索型の施設配置がなされています。趣味性の高い専門店

群で構成されており，さまざまなエンターテインメントとしてのイベントも開催されています。

＜ショッピングセンター運営の特徴＞

　ショッピングセンターは，独立したテナントの店舗で構成されています。実は，ここにショッピングセンター運営の難しさが内在しています。

　例えば，テナントとして生鮮3品（青果・精肉・鮮魚）を扱う食品スーパーがあったとします。生鮮品であることから，翌日に在庫を持ち越すことは困難です。そのため，その日に売れるであろう品々を，当日の開店前に市場から仕入れ，できるだけ当日中に売り切ろうとします。うまく販売が進めば，19時くらいには完売となるかもしれません。逆に売れ行きが悪い場合でも，20時以降の販売量は激減します。このことから，スーパーの閉店時間は8時として翌日早朝の仕入に備えた方が，パート人件費や電気代等の点から効率的です。スーパーの経営者は，そのように営業時間を設定したいところです。

　また，ショッピングセンターとしても，生鮮を扱う店舗は基本的に集客力があるため，入居してほしい業種でもあります。

　しかしながら，ショッピングセンターであるがゆえ，他のテナントの営業時間を考慮する必要が出てきます。例えば，ファッション店などの販売量は，日中は少なく夕方以降に集中しがちです。20時以降であっても売上が伸びる可能性は十分あります。しかし，ショッピングセンターの一画にある食品スーパーがシャッターを降ろしていたり，照明を消していたりすると，ショップとしての魅力が下がるかもしれません。

　このようなことから，各店舗の経営者同士の共通認識が取りづらい点があります。いくつかの障害をうまく調整しながら，活気のあるショッピングセンターを運営していくためには，各テナントから選出されたリーダー（理事長）の統率力や人望が必要となってきます。

本試験形式問題

第1問 次の文章は，ボランタリーチェーン設営の目的について述べている。
　　　文中の〔　　〕の部分に，下記に示すア～オのそれぞれの語群から最
　　　も適当なものを選んで，解答欄にその番号を記入しなさい。

　ボランタリーチェーンは，独立系の小規模小売店が経営の〔ア〕を維持した
状態で，店舗運営の弱い部分を補完するために〔イ〕を行う〔ウ〕組織である。
有力な卸売業が中小規模の小売店を組織化し，自らがVCのチェーン本部にな
る形態を〔エ〕VCと呼び，複数の中小規模の小売店が結束して新たに本部を
設営する形態を〔オ〕VCと呼ぶ。

【語　群】

ア〔1．個別性　　2．独立性　　3．独自性　　4．地域性〕

イ〔1．共同経営　　2．販売活動　　3．共同活動　　4．仕入活動〕

ウ〔1．単独　　2．集合　　3．契約　　4．連鎖化〕

エ〔1．卸主宰　　2．本部主宰　　3．小売主宰　　4．中央主宰〕

オ〔1．本部主宰　　2．小売主宰　　3．現場主宰　　4．卸主宰〕

解答欄	ア	イ	ウ	エ	オ

第2問 次のア～オは，フランチャイズチェーンとレギュラーチェーンの比
　　　較について述べている。フランチャイズチェーンに関するものには1

1 小売業の類型

を，レギュラーチェーンに関するものには2を，解答欄に記入しなさい。

ア　出店の投下資金は少なくてすみ，急速な規模の拡大が可能である。

イ　経営指導を仰ぐことができ，また従業員の確保や育成が比較的容易である。

ウ　本部も店舗も単一資本の中にあり，規模の経済を追求する。

エ　異なる資本のもとにある本部と加盟店が契約をすることで，速やかな多店
　舗展開をはかる。

オ　大量仕入，大量販売による低価格販売の実現を目的としている。

解答欄	ア	イ	ウ	エ	オ

第3問　次のア〜オは，チェーンストアの運営上の特徴について述べている。
　　　　正しいものには1を，誤っているものには2を，解答欄に記入しなさ
　　　　い。

ア　仕入の決定権は本部にあり，各店舗は補充発注を行う。

イ　自社の物流センターは保有せず，専門の卸機構を活用する。

ウ　本部主導型により，各店舗運営をバックアップし，コントロールする。

エ　情報システムで武装し，効率的運営を行う。

オ　セルフサービス販売方式を主体とし，標準化された売場づくりを行う。

解答欄	ア	イ	ウ	エ	オ

第4問　次のア～オは，変化する消費者の買物スタイルについて述べている。
正しいものには1を，誤っているものには2を，解答欄に記入しなさ
い。

ア　ショールーミングとは，リアルショップで商品の特徴や在庫を確認し，購
入はネット通販で行う現象である。

イ　O2Oとは，オンラインとオフラインを連携させて顧客の購買活動を促進
させるためのマーケティング施策である。

ウ　仮想現実（VR）とは，現実の世界の一部に仮想世界を反映させる技術の
ことである。

エ　オムニチャネルとは，リアルショップとネットショップの区別をつけず，
あらゆる販売チャネルを統合した，顧客にとって利便性の高い流通環境のこ
とをいう。

オ　拡張現実（AR）とは，仮想世界に現実の人間の動きを反映させて，現実
ではないが現実のように感じさせる技術のことである。

解答欄	ア	イ	ウ	エ	オ

第5問　次の文章は，百貨店のマーチャンダイジングについて述べている。
文中の〔　〕の部分に，下記に示すア～オのそれぞれの語群から最
も適当なものを選んで，解答欄にその番号を記入しなさい。

百貨店の品ぞろえは，衣料品や化粧品などの〔ア〕品を中心に高級品を比較
的多く扱っており，店頭では〔イ〕が原則である。また，他店との差別化をは
かるために独自の〔ウ〕商品を好む傾向がある。百貨店の商品は，アの信頼性

1 小売業の類型

と店舗の信頼性とが〔エ〕を生み，消費者に対して強くアピールすることができる。最近では，〔オ〕を積極的に売場展開を行い，販売金額を伸ばしている。

【語　群】

ア〔1．海外　　2．国産　　3．手作り　　4．ブランド〕

イ〔1．推奨販売　　2．定価販売　　3．現金販売　　4．交渉販売〕

ウ〔1．高級　　2．普及　　3．大衆　　4．オリジナル〕

エ〔1．相乗効果　　2．関係性　　3．一致　　4．愛着〕

オ〔1．衣料品部門　　2．書籍部門　　3．食品部門　　4．住関連部門〕

解答欄	ア	イ	ウ	エ	オ

第6問　次の文章は，ホームセンターの品ぞろえと店舗展開について述べている。文中の〔　　〕の部分に，下記に示すア～オのそれぞれの語群から最も適当なものを選んで，解答欄にその番号を記入しなさい。

　日本のホームセンターは，〔ア〕の専門店としてスタートしたが，その後広く趣味をサポートする店舗として品ぞろえの幅を広げ，園芸やペット，カー用品などを取り入れた。店舗展開は，〔イ〕の発展に伴い〔ウ〕に立地することが多く，店舗形態は〔エ〕で一定の広さが求められた。ホームセンターの品ぞろえは，〔オ〕で低回転の商品が中心である。

【語　群】

ア〔1．雑貨品　　2．日曜大工　　3．金物　　4．木材〕

イ〔1．都市　　2．人口　　3．社会　　4．モータリゼーション〕

ウ〔1．住宅地　　2．農地　　3．郊外　　4．都市部〕

エ〔1．立体　　2．複数階　　3．別棟　　4．平屋〕

オ〔1．高粗利益　　2．高コスト　　3．実用　　4．メーカー品〕

解	ア	イ	ウ	エ	オ
答					
欄					

第7問　次の文章は，ショッピングセンターの定義について述べている。文中の〔　　〕の部分に，下記に示すア～オのそれぞれの語群から最も適当なものを選んで，解答欄にその番号を記入しなさい。

　ショッピングセンターは，〔ア〕に造成された商業集積であり，〔イ〕により開発される。広い敷地と多くの〔ウ〕スペースを有し，〔エ〕としての大型小売店と〔オ〕としての専門店とを同一，あるいは複数の建物の中に収容し，相互に競合と補完をさせながら，全体として巨大な商業空間を形づくり，多種多様な商品とサービスなどを提供している。

【語　群】

ア〔1．段階的　　2．計画的　　3．自然　　4．政策的〕

イ〔1．メーカー　　2．卸売業　　3．ディベロッパー　　4．建設会社〕

ウ〔1．駐車　　2．売場　　3．在庫　　4．休憩〕

エ〔1．主要店舗　　2．専門店舗　　3．有名店　　4．核店舗〕

オ〔1．地場小売店　　2．サービス業　　3．ブランド店　　4．テナント〕

1 小売業の類型

解	ア	イ	ウ	エ	オ
答					
欄					

〔解答・解説〕

第1問

【2－3－4－1－2】

　ボランタリーチェーンの定義，卸売業が主宰するVCと，小売業が主宰する VCの2つのタイプの違いについて，理解をすること。組織構成の特徴や，運営における加盟店の義務と本部の機能についても合わせて習得してほしい。

第2問

【1－1－2－1－2】

　フランチャイズチェーンは，本部と加盟店の契約関係にある。一方，レギュラーチェーンは，本部と加盟店は単一資本の関係である。前者にはコンビニエンスストアやファストフード店などの業界に多く，後者は総合品ぞろえスーパー（GMS）が代表的である。

第3問

【1－2－1－1－1】

　イは，自社の物流センターを持ち，卸売機構を確立するのが正しい。他には，店舗作業を標準化・効率化するために各種マニュアルを活用すること，一括集中仕入方式を採用しバイイングパワーを発揮することがある。

第4問

【1－1－2－1－2】

　ウの仮想現実（VR）とオの拡張現実（AR）の説明が逆である。リアルショップからネットショップへのシフトに伴って，新しいマーケティング施策や技術が展開されていることを理解することが重要である。

1 小売業の類型

第5問

【4－2－4－1－3】

　近年，大型専門店チェーンなどの興隆などの競争店の出現により，商品部門の売上構成が従来とは変化してきている。原則として，商品回転率の低い商品を販売しているのが特徴である。

第6問

【2－4－3－4－1】

　ホームセンターの品ぞろえの特徴や店舗展開からの出題である。発展の歴史における欧米のホームセンターとの違いや，異業種からの業界参入の理由，最近の店舗規模の拡大傾向やユーザー市場への対応などの新しい動きについても把握することが重要である。

第7問

【2－3－1－4－4】

　小売業の店舗面積やテナントの店舗数，またキーテナントの面積割合，テナント会の共同活動の内容として広告宣伝や共同催事などがあることなど，ショッピングセンターの基準や条件について確認することが重要である。

2

マーチャンダイジング

第1章

商品の基本

1 商品とは何か

　商品とは，利益の確保を目的に生産され，市場で売り買いされる物財やサービスです。

1－1　商品の種類

- 物　　財＝小売業が主に扱う
- サービス＝宅配便・旅行代理店
- システム＝インターネットの接続
- 情　　報＝電話での天気予報・新聞
- 権　　利＝キャラクター使用権・著作権
- 技　　術＝特許・実用新案
- その他

　商品とは，市場での売買を通じて商品の生産者や販売者には，収益（利益）をもたらし，購入者（消費者）には便益（有用性）あるいは効用（満足）を与えるものです。

　　＜著作権，特許，実用新案＞
　◇**著作権**：著作権法に規定されている，無体財産権のひとつです。著作者がその著作物を独占的に利用できる権利であり，その種類は，著作物の

複製・上演・演奏・放送・口述・展示・翻訳・映画の上映などが含まれます。著作者の死後も一定期間存続します。

◇**特許**：特定の人の考案や発明に対して，その人や承継者に独占的・排他的な利用の権利を与えることです。特許法で規定されています。

◇**実用新案**：既存の物品について，新たな考案を加えることで実用上の利便性を増進することです。創造的工夫ではないため発明とは区別され，また美術的考案でないため意匠とも区別されています。実用新案法で規定されています。

〔参考文献〕

「広辞苑」新村　出編，岩波書店

1－2　商品の品質3要素

品質とは，消費者が商品によって満足を得る質的な要素のことです。

- 一次品質＝機能・性能面での有用性の程度
- 二次品質＝個人的な趣味や嗜好，ライフスタイルなどの感性面でのフィット感
- 三次品質＝流行性やブランド性，ステータス性など社会的評価への適合性やこだわり

1－3　商品コンセプト

(1)　商品コンセプトの重要性

消費者は，機能や性能のよい商品であれば満足するとは限らず，個人的なフィット感や社会的評価への一体感などにこだわりを示すことも多くなっています。したがって，その商品の一次品質以外にも，二次品質あるいは三次品質のどのような点で，消費者に満足をもたらすのかを明確に伝えます。

＜提供する具体例＞

- ネーミング（商品名）と価格

- ・売場や売り方を明確に設定
- ・商品説明や内容が伝わる表示
- ・宣伝や販売に付随するサービスの提供

　消費者は，これらにより自己の望む商品の選択が容易となり，効用を得ることができます。また仕入担当者や販売員は，商品の内容や意味を消費者の選択に役立つよう伝えることが使命です。

⑵　商品コンセプトの設定

　商品コンセプトとは，商品の持つ概念や主張のことで，消費者ニーズに対して商品の何をもって応えるのかを鮮明に表わしたメッセージの根幹のことです。

　小売業経営においては，有用性や個人的フィット感などを包み込んだ商品コンセプトが的確に消費者に伝えられ，理解され，同意されることが重要です。

⑶　商品コンセプトの具体的事例

　商品コンセプトを明確に主張して市場で優位性を発揮している商品例

- ・吸引力の強さをＰＲしている掃除機
- ・朝専用の缶コーヒー
- ・朝ご飯のかわりとしてのゼリー
- ・日本一楽しい漢字ドリル
- ・履き心地の良さや脱げにくさをＰＲしているパンプス

2　商品の分類

2－1　分類の意義

　商品の分類は，問題意識によって基準が決められ，それによって小売業は，商品分類することで販売活動をより正確に理解することができます。

　制度分類は，国や国際的な標準で統一的に決められた分類のことです。

　慣用分類は，問題意識によってそのつど，つくられ，利用される分類のこと

です。

2－2　制 度 分 類

日本標準商品分類＝日本で生産される商品の分類

日本標準産業分類＝産業レベルでの経済活動の分類

日本標準職業分類＝労働や就業の状況を把握するための分類

＜日本標準商品分類，日本標準産業分類，日本標準職業分類＞

◆**日本標準商品分類**：総務省統計局統計基準部が定めている商品分類です。商品の範囲は，価値ある有体的商品で市場において取り引きされ，かつ移動できるものの全てとされています。よって，サービス，土地，家屋（組立家屋を除く），立木，地下にある資源等は含まれません。例えば，「食用品，飲料及び製造たばこ」は大分類とされ，その下に中分類，小分類と配列されています。

〔参考文献〕

総務省ホームページ

　　　　http://www.stat.go.jp/index/seido/syouhin/gaiyou.htm

◆**日本標準産業分類**：総務省統計局統計基準部が定めている産業分類です。大分類，中分類，小分類項目があり，直近の改正では産業構造の変化に合わせるため，大幅な分類項目の新設や廃止等が行われています。

〔参考文献〕

総務省ホームページ

　　　　http://www.stat.go.jp/index/seido/sangyo/19-1.htm

◆**日本標準職業分類**：総務省統計局統計基準部が定めている職業分類です。大分類，中分類，小分類があり，直近の改正では大分類に「専門的・技術的職業従事者」が新設されるなど，時代にあった分類が行われています。

〔参考文献〕

総務省ホームページ

　　　　http://www.stat.go.jp/index/seido/shokgyou/hen_h21.htm

2－3　慣 用 分 類

(1)　消費者の購買行動の分類

コープランドは，購買習慣から，最寄品・買回品・専門品に分類しました。

①　最 寄 品

使用頻度・消耗頻度・購買頻度が高い。価格はどこでも大差ない。経験的に品質・内容がよく知られており，住居の比較的近いところで時間や労力をかけずに購入します。

②　買 回 品

比較的に高価。いくつかの店舗を回って価格や比較を検討し購入します。

③　専 門 品

価格はかなり高い。購買頻度はきわめて低い。購入決定までに多くの時間と手間をかけて，専門的なアドバイスや情報が大きな役割を果たしています。

現代では同一商品でも，最寄品であったり，買回品であったりと消費者によっては異なり，この分類に当てはめることが難しくなってきています。

(2)　生活シーンによる分類と売場構成

商品の種類や機能によって売場構成を決めないで，消費者の使用シーンで必要な商品をまとめて，用途別などのシーンを売場で，消費者に提案する小売店が増えています。現代の商品構成と売場構成は，新しい分類の考え方にもとづき実施することです。

3 商品の本体要素

3－1　機能と性能

(1)　機　　能

　消費者に満足を与える商品の役割のことです（包丁は食材を切る。洗濯機は衣料をきれいに洗濯するなど）。商品は，消費者に満足を与える機能が必要です。

(2)　性　　能

　機能が発揮される程度のことです（包丁がよく切れる。洗濯機の汚れ落ちが優れているなど）。商品が持つ機能がより高い性能で得られることで，消費者は，より高い満足を得ることができます。

3－2　デザイン（意匠）

　デザインは，商品の本来の物理的な機能や性能を実現するために，適切な形状や材質，色彩を施すだけでなく，感性面でのフィット感（二次品質）を向上させ消費者に受け入れられることが必要です。

　デザインの良い商品とは，消費者にとっては，見て美しく，使いやすく，修理や処分が容易であり，企業側にとっては，量産しやすく，ディスプレイしやすいものです。

　商品のデザイン活動とは，機能性・美しさ・経済性という全く異なる3つの要素を有機的に結合して，商品を作り出すことです。

(1)　意匠登録制度

意匠＝物品の形状，模様もしくは色彩，または，これらの結合であり，視覚を通じて美感を起こさせるものです。

　意匠を独占的，排他的に商品に利用する権利が得られる意匠登録を受けるための意匠とは，①工業上利用できるもの，②新規性があるもの，③創作が容易

でないもの，④公序良俗を害さないものです。

(2) グッドデザイン賞（デザイン推奨制度）

　総合的なデザインの推奨制度としては，公益財団法人日本デザイン振興会の「グッドデザイン賞」があり，その母体は，1957年に通商産業省（現:経済産業省）によって創設された「グッドデザイン商品選定制度（通称:G マーク制度）」です。

　グッドデザイン賞は，色々な事象の中から「よいデザイン」を選択し，顕彰することを通じて生活者の暮らしや産業，社会全体をより豊かなものへ導くことを目的としており，受賞したデザインには「G マーク」をつけることが認められます。

3－3　ブランド（商標）

(1) ブランドの概要

　ブランド（商標）は，消費者へのメッセージを伝えるためのシグナルであって，生産や流通，消費においてさまざまな機能を持っています。

　ブランドネーム＝ブランドの中核であり，商品を効果的に認知，記憶させ，自社商品の選択を優位に導く有効な手段となります。

　ブランドマーク＝商品本体や包装，広告，社内封筒・便箋・その他の印刷物につけられ，常に消費者の目に触れ，視覚的な印象を与えるものです。

(2) ブランディングとは

　ブランドは，構築された時に認知されるものではなく，時間をかけて浸透させます。ブランドを顧客に認識してもらう活動をブランディングといいます。

第2章

マーチャンダイジングの基本

1 マーチャンダイジングの基本的考え方

1－1　マーチャンダイジングとは

　マーチャンダイジング（商品化政策または商品化計画）とは，小売業が商品を品ぞろえし，顧客に対して販売する業務のことです。

1－2　マーチャンダイジングの体系（循環構図）

(1)　マーチャンダイジング・サイクルとは

　チェーンストアにおける本部の業務は，①商品計画の策定　→　②販売計画の策定　→　③仕入計画の策定　→　④仕入交渉　→　⑤仕入　→　⑥値入，価格設定　→　⑦棚割，販促企画の立案　→　⑧店舗への送り込みとなります。

　店舗での業務は，⑨店舗での荷受・検品　→　⑩保管→　⑪補充（前出し）→　⑫ディスプレイ（売価変更）　→　⑬商品管理（在庫管理，商品管理）　→　⑭補充発注となります。

　これらの業務と並行して行うその他付帯業務としては，「メンテナンス」，「セールスプロモーション」，そして「物流業務」などがあります。

　各店舗が店舗での業務からの業績や情報などを本部へフィードバックする繰り返し業務（循環の輪）のことがマーチャンダイジング・サイクルです。

(2) マーチャンダイジング・サイクルの構成要素

＜本部の業務＞

① 商品計画の策定

　小売業の経営方針にもとづく品ぞろえ政策を基本として，商品構成表を作成します。マーチャンダイジングの出発点であって，チェーンストアの本部が全体構成を企画します。

② 販売計画の策定

　販売計画は，通常52週間を単位として店舗の規模や商圏特性などを基準に，季節のプロモーション活動などの要素を加えて売上金額などを算出します。

③ 仕入計画の策定

　商品計画と販売計画にもとづく商品カテゴリーごとの仕入品目の金額および数量などを設定し，仕入先企業の選定や交渉条件の項目などを明確にしておくことが必要となります。

④ 仕 入 交 渉

　本部の商品担当者（バイヤー）などは，仕入先企業との間で商品カテゴリーごとに，仕入れる品目の金額や数量，仕入時期などについて交渉します。

⑤ 仕　　　入

　本部は，初期の発注段階では，商品計画，販売計画，仕入計画などにもとづいて，各店舗が必要とする商品をまとめて，一括発注をします。つまり，商品部は，初期発注による初期仕入を行います。

⑥ 値入，価格設定

　本部が仕入れた商品を店舗で販売するためには，個々の商品の販売価格（売価）を決定しなければならず，その際に単品ごとに値入（マークアップ）の業務がマーチャンダイジングにおいて重要となります。値入（マークアップ）とは，仕入価格に利益となる一定の額あるいは率を加えて販売価格を設定する方法です。

⑦ 棚割，販促企画の立案

　棚割とは，主として定番商品を陳列するゴンドラ（棚）のスペース配分技

術を意味します。販売促進の企画も本部で画一化，定期化して全店舗一斉に実施するほうが，低コストで効率的です。

⑧　店舗への送り込み

　店舗への送り込みとは，初期発注により初期仕入した商品を直接または間接的に各店舗に納入することです。

＜店舗の業務＞

⑨　荷受・検品

　荷受・検品とは，商品の検収業務とも呼ばれ，本部が初期発注した商品や店舗が補充発注した商品が，店舗へ納品された時，店舗の担当者が立ち会い，商品を受け入れる業務のことです。

⑩　保　　管

　定番商品でも大量に販売する消耗頻度の高い嵩張る商品や季節商品，特売用商品は，ケース単位（ロット）で店舗へ入荷するのが一般的であるため，商品はいったんバックヤードなどに保管して，その都度，売場へ補充します。

⑪　補充（前出し）

　荷受・検品した商品のうち定番商品は，速やかにそれぞれの売場に補充（品出し）します。

⑫　ディスプレイ（売価変更）

　本部は，商品の特性や回転率などを考慮に入れたディスプレイ・パターンを決めています。店舗の担当者は，本部で企画した棚割表にもとづき，ディスプレイすることが重要です。

　売価（価格）変更とは，販売促進策として，または売れ行きの悪い商品を処分する場合に，店舗側の事情によりやむを得ず行う売価変更を意味します。

⑬　商　品　管　理

　小売業においては，在庫管理と商品管理を包括的に商品管理と呼んでいます。POS システムの導入により，商品カテゴリーごとの商品管理が容易となり，本部の仕入計画や売場管理などに商品情報などをフィードバックできるようになっています。

⑭　補　充　発　注

　補充発注とは，主として売場にディスプレイされた定番商品の個々の商品が売れた後，商品担当者が補充するために発注する業務のことです。

＜その他の付帯業務＞

　店舗業務としては，⑨から⑭を順に遂行しますが，それらと並行して営業時間内に随時実施する「メンテナンス」，「セールスプロモーション」，そして「物流業務」などがあります。

　「メンテナンス」は，POP広告（購買時点における商品情報を記した広告のこと）の添付と管理，プライスカードの添付と管理，売場や商品のクリンリネス（整理・整頓・清掃）などを行うことです。

　「セールスプロモーション」は，販売促進策（大手チェーンストアは，本部の標準化政策による。小規模小売業は店舗ごとの独自のイベントやキャンペーンによる）を行うことです。接客は，本部でのOJT（職場内教育訓練）などによる一貫した教育のもと，店舗ごとに同一規格で実施しています。

　「物流業務」では，サプライヤー（メーカーや卸売業などの仕入先企業）や物流業などが小売業の店舗に商品を配送する業務のことを「配送」または「納品」などと呼んでいます。その商品を受ける店舗では，「荷受」と呼んでいます。

　店舗を効率的に運営するためにも，個々の商品の過剰在庫の防止，欠品や品薄状態の防止にも，効率的物流システムを構築することが必要となります。

＜棚 割 表＞

　商品を陳列するゴンドラの棚に，各商品をどういった配分でどれくらいの数量を陳列するのが効率的かをまとめた表です。個々の商品単位，ゴンドラの棚単位，ゴンドラ本体単位など，複線的観点から販売効率を可能な限り高めるように検討します。

　個々の商品単位でいうと，フェイス（顧客から見える商品の面）の数に関連します。例えば，1時間あたりで，洗剤ABCは9個，洗剤XYZは3個売れるとします。この場合，ABCのフェイス数を3個とし，XYZのフェイス数を1個にしておくと，商品補充作業が効率的となります。

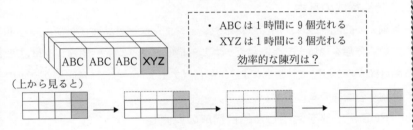

- ABCは1時間に9個売れる
- XYZは1時間に3個売れる

　効率的な陳列は？

（上から見ると）

　※販売により，一列ずつ減っていく状態になり，1時間後に一気に商品補充ができる。

　なお，このように陳列棚の最前列の配分（フェイスの個数）をどうするか決めることを「フェイシング」といいます。

　ゴンドラ本体単位での販売効率を考えた場合には，売りたい商品や利益の大きい商品について，顧客が手に取りやすい高さ（ゴールデンライン＝③ストアオペレーション第3章参照）に陳列するなど，収益性を加味して検討することになります。

2 コンビニエンスストア・チェーンにみるマーチャンダイジングの主な機能

2－1 商品計画の策定

(1) CVS（コンビニエンスストア）の商品計画策定の基本

　CVS は，生活必需性が高くて消費サイクルが短い購買頻度の高い商品を，約3,000品目品ぞろえして，そのうちの大半を 1 年間に新商品などと入れ替えながら，さらにサービスの提供などを行って総合的な便利さを提供しています。

(2) 商品構成の基本

　店舗での商品構成は，清涼飲料水やシャンプーなどの品種（クラス）と呼ばれている分類を単位とした商品カテゴリー構成とブランド（商標）を単位とする品目構成の二段階で計画されます。品目（アイテム）とは，各商品カテゴリーでの個々の商品のことです。

(3) POS データを活用した品目構成の見直し

　POS データの中で，よく活用されるのは，商品カテゴリー別の死に筋商品管理と売れ筋商品管理などのレポートです。

① 死に筋商品管理

　死に筋商品＝商品寿命が終わりかけていたり，売上不振となった品目など。

　死に筋商品管理は，一定期間内に販売数量や売上金額が少なかった品目から順にリストアップをはじめて，売れる商品や新商品などと入れ替えることです。

② 売れ筋商品管理

　売れ筋商品＝テレビ CM やパブリシティなどで認知があったり，売上個数を伸ばしている品目などです。売れ筋商品管理は，一定期間内に販売数量や売上金額が多かった品目から順にリストアップしますが，自店の POS データだけでなく，本部からきた情報と合わせて管理しています。

２－２　仕入計画の策定

(1)　CVS の仕入計画策定の基本

CVS の商品構成は，多品種少品目少量の品ぞろえです。

＜多品種少品目少量の品ぞろえを維持するための仕入計画の特徴＞

① 在 庫 単 位

　　店頭に並べられる１品目当たりの陳列在庫量は少ない。すなわち，小口（小ロット）の在庫計画です。

② 発 注 単 位

　　ディスプレイする在庫数量が少ないため，１品目１回当たりの発注数量（発注単位）も少なく，小ロット（単品バラ）の発注計画です。

③ 発注サイクルと発注リードタイム

　　発注サイクル＝発注から次の発注までの時間。

　　発注リードタイム＝発注から荷受までの時間。

CVS は，バックヤードに商品倉庫を備えていないため，発注サイクルや発注リードタイムが長くなると，欠品が発生しやすくなるので，発注サイクルの短縮（多頻度発注）や発注リードタイムの短縮（多頻度小口物流）に努力しています。

＜発注リードタイム＞

　商品を発注してから届くまでの時間を指します。近年，小売店は経営効率を高めるために自社で在庫を抱えることを避けています。在庫を持たないためには，発注と同時に瞬時に届く，ということが究極の姿です。それは非現実的としても，最近の情報機器の発達は，発注リードタイムの短縮に大きく貢献しています。

　今日の売れ行きを把握したうえで，翌日陳列すべき商品明細・数量を適切に判断してメーカーや卸売に発注すると，翌日の開店前に届くような商品群も増えてきています。昔のように発注リードタイムが４～５日かかる

ようだとこのような活動は不可能です。

また，CVSなどでは，1日に3〜4回配送が行われていますが，それは時間単位の売れ行きに応じて，何をどれだけ納品すべきかを情報機器をフル活用することで判断して，効率を向上させようとする取組みなのです。配送する側にとっては，「多頻度小口配送」となり，作業自体は煩雑になります。また，トラックが大量に市中を走るため，環境面での配慮も必要になります。それでもわれわれ消費者は，CVSをはじめとする小売店に対して，一層のサービス向上を求め続けているといえます。

(2) 仕入先企業の選別と取引

仕入先企業の選別は，多品種少品目少量在庫型の仕入形態に対応できることが要件となっています。

2-3 仕　　　入

商品計画と仕入計画にもとづいて仕入が行われます。仕入の中心業務は，仕入交渉（商談）であり，仕入先企業（メーカーや問屋）と仕入単位や仕入原価などを交渉することです。仕入交渉を行うのは，商品部のカテゴリー別のバイヤーと呼ばれる人たちです。

2-4 価格設定

第5章を参照して下さい。

2-5 荷受・検品

(1) 検　　　品

検品は，発注商品の発注数量が間違いなく納品されているか，汚損や破損などがないかをチェックすることです。

CVS業界は，店別，カテゴリー別の一括統合納品システムが確立されているため，店内ではノー検品での荷受態勢がとられています。

(2)　在 庫 登 録

検品済みの商品は売場在庫となるので，的確な在庫管理や再発注を行うためにも，POS ターミナルと連動したストアコントローラに検品した商品の在庫登録（スキャン入力）をします。

(3)　検品端末機による荷受業務

納品された商品のバーコードをスキャナーターミナル（ST：Scanner Terminal）と呼ばれる検品端末機でスキャニングすると，端末画面にその商品の発注数量が表示され，現物商品と照合して検品を行うことができます。また検品後にストアコントローラに接続された ST ステーションに差し込んでおけば，ストアコントローラの在庫情報も自動更新される仕組み（自動在庫登録）となっています。

2－6　ディスプレイ（売価変更）

CVS は，本部で作成した品種ごとの棚割表にもとづき，ゴンドラ什器に約3,000品目の商品をディスプレイしています。

CVS は，価格を値下した販売は特定の商品，特定期間以外はほとんど行っていません。便利性を売物にして，定価販売が原則です。

2－7　商品管理（在庫管理・商品管理）

在庫管理や商品管理は，マーチャンダイジング活動を的確に遂行する役割以外に小売業の費用や収益の管理（総称して利益管理）を行うために重要な業務です。

(1)　在 庫 管 理

CVS においての在庫管理は，精度の高い補充発注により欠品や過剰在庫が発生しないように，また在庫数量を正確に把握して適正在庫を保つことが重要です。

(2)　商 品 管 理

商品管理データは，商品カテゴリー（品種）構成の改編や，カテゴリーごと

の本部取扱品目構成の改編，棚割変更などに活用されています。

(3) 商品管理の範囲

　商品管理は，マーチャンダイジング・サイクルの構成要素の1つであり，「売場での販売業務に始まり，補充発注，荷受・検品，会計業務（損益計算）など」の一連の業務と密接に関係しています。商品管理の範囲は，売上管理や仕入管理，発注管理，在庫管理，会計管理というように広い分野と関係しているといえます。

2－8　補　充　発　注

(1) 発注における仮説・検証サイクル

　CVSでは，定期発注システムを採用して，商品カテゴリーごとに1日のうちの発注回数や発注時間帯が決められています。

　CVSオペレーションにおいては，仮説を立てて発注（実行）し，売上高を仮説と比較して検証・評価し，再び仮説を立てて再発注することが大切です。

　発注精度が低く発注数量が不足すると，欠品が発生して顧客の購買意欲を損ねることになり，販売機会ロスを起こします。発注数量が多すぎると過剰在庫を招き，販売効率が低下し，賞味期限の限られた食品などでは商品廃棄ロスを生じてしまいます。

(2) 携帯端末による発注

　CVS業界は，補充発注の情報伝達ツールとして，EOB（Electric Order Book：電子発注台帳）などの携帯端末装置を活用しています。EOBは，発注端末としての機能に加えて，発注数量の仮説を立てるために必要な情報伝達機能も組み込まれているため，発注担当者はその場で仮説を立てて補充発注作業を行うことができます。

> **＜EOB＞**
>
> 　EOB（Electric Order Book）とは，電子発注台帳と訳されます。携帯端末の装置であり，カラー液晶画面に表示される各種の情報をもとにして，

適切な発注数量を判断するための発注用ツールです。情報には，個々の商品，季節商品，重点商品の販売動向や，販売に影響を与える天気予報なども含まれます。

2－9　物　　流

　CVS の物流は，多品種少量多頻度納品を実現した一括統合型物流システムです。多品種少量多頻度納品とは，品種の数が増える反面，品種内の品目数量を少なくし，週に2〜3回の配送をし，販売の効率を高める配送方法のことです。

第3章

商品計画の基本

1 商品計画の基本知識

１－１　顧客ニーズへの対応

⑴　商品計画策定の意義

　小売業の商品計画のことを一般的には「品ぞろえ計画」といい，ターゲット顧客のニーズに応えるために商品選別を行い，計画的に一定の連続性や関連性を保ちながら商品構成することです。

⑵　差別化政策

　小売業の店舗は，業種や業態が異なり，売場面積も大小さまざまです。また，多くの店舗は，商圏内に存在する複数の他店と競争している状況下で，自店を選択して商品を購買してもらうためには，ターゲット顧客のニーズに応える商品構成をしなければなりません。

　差別化政策とは，顧客の絞り込みによって，店舗の品ぞろえの特徴が明確になり，競争する小売店との品ぞろえの違いをアピールすることです。

　差別化政策は，商品構成ばかりでなく，価格や販売方法，顧客サービス，立地条件，店舗施設など，いろいろな側面からもアプローチできます。

　品ぞろえコンセプトとは，小売業の方針として，商品構成の差別化の方向性を打ち出すことです。

1－2　商品構成の基本と手順

　1店舗における商品構成の基本は，一定の分類基準によって，大分類，中分類，小分類と細分化しながら階層ごとに商品カテゴリーを構成して，次に小分類で扱う商品カテゴリーごとの品目構成を行います。それにより商品間に連続性や関連性が保たれ，比較選択購買や関連購買が可能となります。

1－3　品ぞろえの幅と奥行

　商品カテゴリー（品種）構成は「品ぞろえの幅（Width）」，品目構成は「品ぞろえの奥行（Depth）」という表現に置き換えることができます。

　商品構成は，顧客ニーズや自店の販売スペース，立地条件，競争環境などを勘案し，品ぞろえの幅と奥行（深さ）の最適化をはかることが重要です。

　＜商品構成の基本類型＞

　　　B＆S　型＝品種構成は広くて，品目構成は浅い品ぞろえ

　　　B＆D　型＝　　〃　　広くて　　〃　　深い品ぞろえ

　　　N＆S　型＝　　〃　　狭くて　　〃　　浅い品ぞろえ

　　　N＆D　型＝　　〃　　狭くて　　〃　　深い品ぞろえ

　　　B（Broad）＝広い　　　N（Narrow）＝狭い

　　　D（Deep）　＝深い　　　S（Shallow）＝浅い

　品ぞろえの幅と奥行の組合せパターンはいくらでもありますが，いずれかのパターンを選択しなければいけないわけではありません。重要なことは，商品カテゴリー（品種）構成と品目構成の方向性を明確にしたうえで，商品構成することです。

1－4　総合化と専門化

　品ぞろえの幅を広げることを商品構成の総合化，狭める（絞り込む）ことを商品構成の専門化といいます。

　専門店とは，単に品ぞろえの幅を絞り込んで専門化を図れば，専門店として

位置づけられるわけではなく，品ぞろえの幅と奥行の双方が計画的にマトリックス構成され，また顧客に生活提案力や商品に関する専門的知識，コンサルティングセールス能力が求められることになります。品ぞろえの幅が絞り込まれていても，奥行に計画性がなければ，単なる専業（業種）店です。

　専業（業種）店とは，一つの業種にこだわった商品を専門に扱い，顧客層を限定していない小売店です。

1－5　品ぞろえの幅と奥行の相互制約関係

　品ぞろえの幅と奥行の構成は，店舗の販売スペースとの関連性があり，大きな売場の店舗は幅を広げて総合化しても深い品ぞろえが可能ですが，小規模の売場店舗は幅を絞り込んで専門化し，深く品ぞろえしたほうが特徴を明確にできます。

第4章

販売計画および仕入計画などの基本

1 販売計画策定の基本知識

1－1　販売計画とは

　販売計画は，経営方針や予算などによって，市場環境や人材，商品，売場スペースなどの経営資源（一般的には人・物・金・情報など）を効果的に組み合わせ，販売目標と予算達成のための指針と具体的な方策を明らかにするものです。

1－2　販売計画の内容

　販売計画の構成は，売上計画（１年間の販売方針と販売目標を設定）を軸に，商品展開（いつ，何を，どのように売るか）・部門別・売場配置・販売促進（売場や店舗でのイベント，広告活動）・キャンペーン等実施（サプライヤーとの協働による）の各計画が付帯しています。

2 仕入計画策定の基本知識

(1) マーチャンダイジングと仕入の位置づけ

　仕入活動の位置づけは，狭義としては，仕入業務と補充・発注の作業です。広義としては，品ぞろえ計画の立案を基本業務として，狭義の仕入および補充・発注を含めた全体です。

(2) 仕入計画の策定

　小売業の仕入計画は，販売目標による販売計画にもとづき，商品カテゴリーごとに仕入先企業の選定，仕入方法，仕入時期および数量などに関する全体の仕入方針とその実行計画を年間，半期，四半期，月別などで策定します。策定は，自店（自社）における過去の仕入および販売の実績と市場環境の変化などを考慮することが重要です。

　仕入計画の仕入活動は，販売活動と連動した業務であり，販売計画が曖昧であったり，実現の可能性が低い目標設定であると，効果的な仕入活動はできません。

(3) 仕入予算管理

　仕入計画は，販売計画にもとづいて仕入予算によって管理し，販売計画にズレが生じた場合は，当初の計画にこだわることなく，臨機応変に仕入予算を変更する必要があります。

3 仕入業務の基本知識

3－1　仕入先企業の選定と取引条件

　自店に役立つ仕入先企業は，選別して仕入の重点度の設定が重要です。
　主力となる仕入先企業に求められる取引条件とは，次のようなことです。

1　商品を安定供給できる

2　契約を確実に履行できる

3　経営上の指導・助言ができる

4　的確な市場情報の提供ができる

5　販促ツールなどのサービスの提供ができる

3-2　仕　入（バイング）

　仕入（バイング）とは，買い付ける商品の品目，数量，時期，仕入先企業の決定など，バイヤーと呼ばれる商品部の商品担当者による買い付けの一連の行為をいいます。

3-3　仕 入 方 法

(1)　大 量 仕 入

　大量仕入は，数量割引による仕入原価の引下げのメリットがあり，一度の大量発注は事務処理コストの低減が可能であるが，売れなければ在庫が増え資金繰りを圧迫します。

(2)　随 時 仕 入

　随時仕入は，必要に応じた発注により手持ち在庫量が少なく，資金面では有利な方法といえるが，頻繁な発注のため発注業務に時間とコストがかかります。

3-4　仕入形態と仕入担当部門

(1)　集中仕入（セントラルバイング）

　集中仕入は，総合品ぞろえスーパーやスーパーマーケットなどチェーンオペレーションをしている小売業で採用しています。

　集中仕入による効果とは，次のようなことです。

1　仕入原価の低減

2　一括大量仕入による有利な仕入条件

3　全社的に統制された販売促進や在庫管理

集中仕入による問題点とは，次のようなことです。

1　流行品などは，的確な補充発注（予測）が困難なため，集中仕入のメリットを得ることが難しい。

2　本部による一括大量仕入のため，各店舗の立地（エリア）特性に合致する商品導入が難しい。

3　大量仕入のため，見込み違いの仕入により多大な在庫ロスが生じる恐れがある。

⑵　店舗ごとの独自仕入

百貨店や専門店は，店舗ごとに独自の仕入や販売を行う独立店舗経営を行っています。

4 棚割とディスプレイの基本知識

4－1　棚割とディスプレイの基本と重要性

棚割とディスプレイの基本は，顧客にとって目的の商品が探しやすく，見やすく，選びやすく，手に取りやすくすることです。

⑴　棚割と科学的経営

メーカーにとっても棚割は，小売店の売場における自社製品の売れ行き（インストアシェアの拡大）に影響します。

＜インストアシェア＞

直訳すると，店舗内占有率となります。メーカーの立場で考えると，取引顧客である小売店の陳列面積をどれくらい占有しているかの割合です。店舗内の展示面積，つまり陳列商品全体を100％と考え，その中で何％のスペースを獲得できるかという問題は，メーカーの売上高に直結してきます。つまり，その小売店の陳列面積の50％を占有している場合と，5％し

か占有できてない場合は、その小売店での取引量に10倍の差が生じるということです。

(2) 棚割の意味と重要性

① 商品政策の実行手段

棚割表は、小売業が目指す経営の方向を確立する商品政策の実行手段となるものです。したがって、小売店の棚割を分析することで、小売店の商品政策を理解することができます。

② 棚割とは

棚割とは、消費者がゴンドラ（棚）スペースの中で商品（単品）を発見しやすいように、かつ、比較・選択しやすいように、計画的に分類・配置する前段階の業務です。また、より多くの商品を販売しながら、どれだけ多くの利益を獲得することができるのか、その効率を向上させるための、店舗マネジメントの手段といえます。

③ 補充発注の効率化に生かす

これからの小売業が取り組むべき商品ディスプレイは、バイヤーや売場のマネジャーなどの個人的主張を中心に展開するのではなく、誰もが、商品補充発注ができるものでなくてはなりません。

④ スペース全体の効率化を目指す

ゴンドラスペースには、テーマを持たせ、最大限の利益を生み出す商品の組合せを行えるかがキーポイントとなります。棚割戦略なくして効果的なディスプレイはできず、また、マーチャンダイジングの効果も期待できません。

(3) 棚割変更

棚割変更は、棚割表やディスプレイ台帳にもとづいて行うため、しっかりとした管理のもとでする必要があり、従業員が自己の意思で勝手に棚割を変更してはいけません。

5 物流の基本知識

5－1 小売業の物流の基本機能

　物流とは，場所の隔たり（生産地と消費地が異なる），時間の隔たり（生産時期と消費時期が異なる），人の隔たり（生産者と消費者が異なる）を取り結ぶことです。

　小売業の物流は，調達物流，販売物流，社内間移動物流，返品物流の4つの基本機能に分けられます。

1　調達物流とは，仕入先企業から小売業の店舗に商品を届けるための物流活動です。

2　販売物流とは，小売店と消費者との商品の受け渡しに関する物流活動です。

3　社内間移動物流とは，社内の店舗間における商品移動，店舗から物流センターに戻すときの物流活動です。

4　返品物流とは，仕入先企業に商品を返品する際に発生する物流活動です。

5－2 多頻度小口（少量）配送の進展

　多頻度小口（少量）配送は，小売店が売場の在庫を抑え，販売効率を高めるための配送手段で，少ない量の商品を頻繁に小売店に配送することです。

　小売業でも，必要なものを，必要な時に，必要な量だけ，必要な場所に納入するジャスト・イン・タイム物流が定着しています。

5－3 物流センターの機能

　物流センターは，商品を保管する貯蔵機能と，商品の入荷から出荷までの流れをコントロールし，商品を運びやすいように加工する機能を備えた倉庫のことです。

　物流センターは，コンピュータ制御の自動倉庫機能や自動仕分けによってジャスト・イン・タイム物流ができる機能を備えています。

　有力なチェーンストアは，物流センターで一括集約して荷受・検品して，各々の店舗に，カテゴリーごとに商品を仕分けして配送するほうが効率的であるため，物流センターの設置に取り組んでいます。

　これにより，各店舗は荷受・検品作業に追われることもなく効率的な店舗運営ができ，配送トラックの到着回数も削減できるようになりました。

第5章

価格設定の基本

1 価格の設定要因と価格政策

1－1 価格設定の基本

　小売業は，商品を仕入れた取引価格が仕入原価となり，これに一定の利益を加えて販売価格（売価）を決めます。

1－2 価格設定の方法

　売れ行きが左右される価格設定の方法は，大きく3つに分けられます。

1　コストに応じた価格設定法（コストプラス法）＝仕入原価にコストと利益をプラスして販売価格（売価）とする売り手都合の価格です。

2　地域需要に対応した価格設定法（マーケットプライス法）＝一定の地域ごとに消費者の立場で価格を設定する方法で，買いやすい値頃感のある価格です。

3　競争を意識した価格設定法＝ライバル店の価格を参考にして，価格競争に負けないように価格を設定するなど，ある商品に関しては，ライバル店より安い価格です。

1 － 3　価格政策の種類

(1)　正札政策（通常価格）

どの顧客に対しても，通常の価格で販売する方法です。

(2)　端数価格政策

売価の末尾に 8 ， 9 などの数字を使って，顧客に安い印象を与え，販売数量を増加させる方法です。

(3)　段階価格政策（階層価格政策）

品種ごとに高級・中級・普及品と品質や品格によって 3 段階ほどを設け，商品選択や購入の意思決定を促す方法です。中級は，売れ筋商品の価格です。

(4)　慣習価格政策

すでに一般的に商品価格が心理的に浸透し，馴染んでしまった価格で，この慣習価格を壊さないで価格設定し，容量で割安感を演出する方法です。

(5)　名声価格政策（プレステージ価格政策）

高級品には，高価格を設定して高品質を顧客に連想させ，高価格が一つのブランド力となり販売量が増加する方法です。

(6)　割引価格政策

通常の価格から，いくらかの金額を差し引いて販売する方法です。

(7)　均一価格政策

原価の異なる商品に対して同一の低価格をつける方法です。

(8)　特別価格政策

目玉商品など，特定の商品に対して著しく安い価格を設定し，来店数の増加をねらって，その他の商品の売上を高める方法です。

(9)　見切価格政策

売れ残り・はんぱ物・きず物などを安い価格で設定する方法です。

1-4 価格に関する諸問題

(1) 再販売価格維持行為

　メーカーなどが小売業との間で，商品を他に転売する際に，転売価格（再販売価格）を指示し価格維持を目的とする行為で，独占禁止法で禁止されているが，新聞や書籍などでは認められています。

(2) 二重価格表示

　メーカーの希望小売価格や小売店の通常価格に対して，そのときに値下げした販売価格を並べて表示します。

(3) オープン価格

　メーカーが希望小売価格を示さず，小売業などが自主的に販売価格を決定し，その販売価格だけを売場で表示します。

(4) 単位価格表示

　単位価格（ユニットプライス）とは，単位当たりの換算価格をいい，買物に便利な表示です。

▌*2* 売価設定の基本

2-1 売価の意味と種類

　小売業は，売価（販売価格）を決定する場合，地域の需要動向や競争店の売価設定状況，商品のライフサイクルなどを総合的に勘案して決めます。

2-2 戦略としての売価設定

　小売業の売価設定の基本方針は，中長期の経営計画や経営戦略によって決定します。戦略的な売価設定は，ハイ・ロープライスとエブリディ・ロープライスです。

(1)　ハイ・ロープライス政策

　週間単位で定番商品を通常価格と値下価格に上げ下げしながら，利益のバランスをとることをねらう政策です。同一商品の価格を週によって上下にコントロールするため，消費者を欺いているとの消費者団体からの非難の声もあり，エブリディ・ロープライスが登場した経緯があります。

(2)　エブリディ・ロープライス政策

　トータルコストの削減努力により，大部分の商品を，毎日，競争店を上回るほど低い一定価格で販売し，その店舗で顧客が1年間買物をした場合，他の店舗よりもトータルの購入金額が低くなるというウォルマートが行っている売価戦略です。

2－3　戦術としての売価設定

(1)　ロスリーダー・プライス

　売価設定において，ときには仕入原価を下回る場合があり，一定期間に限ってきわめて低い価格をつける売価設定です。

(2)　ワンプライス（単一価格）

　商品すべての売価を均一価格で設定し，顧客への心理的効果と販売促進効果を併せ持つ売価設定です。

(3)　一物多価（割引）

　1個よりも2個買ったほうが安い，箱単位であればもっと安いというように同じ商品に複数の値段を表示する売価設定です。

(4)　値　　下

　商品を仕入れたときにつけた売価を，やむを得ず下げて販売しなければならないことです。

　売価を値下する主な理由は，次のようなことです。

　　1　商品に汚損や破損がある。

　　2　在庫期間が長くなった商品の売出しをする。

　　3　競争店の安売りに対抗する。

4　大量に売れ残った商品の処分をする。

3 利益の構造

3－1　商品単位での利益

(1)　売上高と原価と利益の関係

1　売上高＝売価（値札に表示されている販売価格）に販売数量を掛けたものです。

2　原価＝仕入れた商品の仕入原価のことです。

3　利益＝売上高に対しての利益を指し，利益にはいくつかの段階があり，その基本は粗利益で，粗利益＝売上高－仕入原価です。

(2)　利益の構造

売上高（販売価格）－仕入原価（仕入値）＝粗利益（儲け）。

3－2　店舗全体での利益

店舗全体での利益は，店舗全体の売上高，仕入原価，ロス高，値引高などを把握することによって求めます。

3－3　値入高と値入率

値入高と値入率＝商品を仕入れた価格（仕入原価）に，いくらかの利益を加えて売価とし，その売価を決めることを値入といい，その金額が値入高で，「仕入時」に計画した利益のことです。

粗利益高と粗利益率＝「販売時」に実現した利益のことで，売上高から売上原価（仕入原価）を差し引いたもので差益ともいわれます。

粗利益率と値入率の関係＝値下や商品破損，盗難といったロス分だけ粗利益率は値入率よりも低くなります。

⑴　値　入　高

値入高＝売価と仕入原価との差額です。

⑵　値　入　率

値入率には，売価を基準にして値入率を求める「売価値入率」と原価を基準にして値入率を求める「原価値入率」があります（「原価値入率」は分母を原価で計算する）。ここでは，売価値入率について説明します。

売価値入率＝売価に対する値入高の割合で，売価からみた利益率のことです。

仕入れた商品の価格に利益を上乗せして売価を決めるのが値入ですが，この売価に対する値入高の割合を売価値入率といいます。売価値入率は，売価からみた利益率であり，売価値入率を比較した場合，売価値入率の高いほうが値入高（利益）が大きくなります。

$$売価値入率(\%) = \frac{値入高}{売\quad価} \times 100$$

$$売価値入率(\%) = \frac{売\quad価 - 仕入原価}{売\quad価} \times 100$$

⑶　部門別（または単品に数量が加算されるとき）での値入高，値入率

単品に数量が加算されたり，部門別での値入高や値入率を求める場合は，呼び名が，値入高は値入高合計に，値入率は平均値入率に変わります。

値入高合計＝仕入高の売価－仕入原価

$$平均値入率(\%) = \frac{値入高合計}{仕入高の売価} \times 100$$

*　仕入高の売価とは，単品の売価に仕入数量を掛けて仕入高を売価換算したもの。

3－4　粗利益高と粗利益率

(1)　粗 利 益 高

　粗利益高は，ロスや値引高を除いたあとの利益で，通常は値下やロスの発生で，その分，粗利益高は値入高よりも低くなります。

(2)　粗 利 益 率

　粗利益率は，売上高に対する粗利益高の割合をいい，店舗の成績を判断する場合には，売上高の大小とともに，利益額や利益率が重要な判断基準となります。

$$粗利益率（\%）＝\frac{粗利益高}{売上高}\times100$$

第6章
在庫管理の基本

1　在庫管理の基本知識

1－1　在庫とは何か

　仕入れてから販売するまでの，売場商品，バックヤードや倉庫の保管商品は，すべて在庫といえます。

　小売業は，在庫の質により業績を左右するため，売れない在庫を排除し売れる商品の欠品を防止するための仕組みを構築するべきです。

1－2　在庫管理の必要性

(1)　過剰在庫の影響

- 資金の流動性は低下し，小売業の資金繰りは悪化します。
- 在庫過多により品質は劣化し，流行遅れによる陳腐化をまねき，廃棄処分の考慮が必要となります。
- 保管場所のスペースが必要なため，倉庫の賃借料が増加します。
- 在庫過多により新商品導入のタイミングを逸して，他社に後れをとり，店舗間の競争力は低下します。

(2)　過少在庫の影響

- 過少在庫は，欠品が発生し，販売機会のロスにつながります。
- 仕入先企業や顧客から，商品管理レベルや品ぞろえの不備により信用を失

墜します。

- 在庫切れによる緊急の発注は，単価の高い商品の購入につながる場合があります。
- 欠品のトラブル処理に人材を投入することは，生産性の低下の悪循環に陥ります。

(3) 在庫管理の目的

在庫管理の目的は，仕入に投資する資金を有効に運用し，在庫が利益の源泉となるように管理することです。

在庫管理は4つの業務に分けて考えられます。

1 将来の需要を的確に予測

2 適正な時期に適正な数量を発注

3 適正な価格または原価で確保

4 適正な在庫レベルを維持

1－3 経営計画と在庫計画

在庫管理の業務は，仕入管理や販売管理等の業務と有機的に連動しているといえます。

＜在庫管理の体系＞

総枠管理＝売上目標を達成するためには，いつどれくらいの数量の仕入が必要なのかを総枠で決定することです。

単品管理＝過剰・過少在庫を起こさないためには，どのような方法で発注すればよいかを決定することです。

重点管理＝在庫を効率的，合理的に管理するために，どうするかを検討することです。

入出庫管理＝在庫の種類により管理の方法やウェイトを変え，商品の入・出庫の動きを確実に把握し，円滑に在庫をコントロールすることです。

＜ABC 分析＞

　在庫管理の体系における重点管理の手法に ABC 分析というものがあります。

　ABC 分析は，販売商品の動向分析，在庫商品の分析，販売先の分析，不良品撲滅のための分析など，多方面で活用されている分析手法です。目的は，重点管理すべき商品や原因を分析により特定することです。それにより，効率性や正確性を高めようということになります。

　販売管理においては，POS システムの活用により，速やかに売れ筋商品，死に筋商品などを特定することが可能になります。例えば，販売総金額のうち，70％を占める商品を A ランク，25％を占める商品を B ランク，残り 5 ％を C ランクと設定したとします。A ランクの商品については，厳密に管理を行い，品切れを起こさないように最大の注意を払います。B ランクはそこまでの管理は行わず，C ランクは取扱いをやめるというような判断材料になります。

　具体的な進め方は，まず，一定期間における商品品目ごとの売上高を集計して，1 位から順に並べます。次に 1 位商品の売上高＋ 2 位商品の売上高＋・・・というように累計し，全体の売上高の70％に達するまでの商品を A ランクにします。B ランクについては，その次の順位から全体売上の95％に達するまでの商品，C ランクはそれ以下の順位の商品となります。

　図でいうと，G，J，M，C までの商品が A ランクとなり

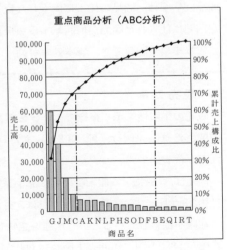

ます。この4品目で売上全体の70%を占めるわけですから，品切れを絶対に起こさないことが肝心になります。

1-4 在庫管理の方法

在庫管理の方法には，金額による在庫管理，数量による在庫管理の2つがあります。

(1) 金額による在庫管理

金額による在庫管理（ダラーコントロール）は，小売店における一定期間の金額による在庫管理の方法です。

(2) 数量による在庫管理

数量による在庫管理（ユニットコントロール）は，小売店における一定期間の在庫数量による在庫管理の方法で，品種ごとに，どのような品目が何個売れたかを把握することで，金額による在庫管理を補う方法です。

1-5 商品回転率

商品回転率は，商品の仕入に投下した資本の資本効率や販売効率をはかり，一定期間に仕入れた商品が何回転するかを表し，商品回転率が高いほど，投下した資本を早く回収でき，資本効率が高く，販売効率がよいといえます。

＜販売効率＞

販売の生産性を示す指標です。さまざまな指標があり，商品回転率，1時間あたり販売個数，坪（3.3㎡）あたり売上高，従業員一人当り売上高などが代表的です。

例えば，「織物・衣服・身の回り品小売業」でみた場合，「商品回転期間」は約2.8カ月となっています。これは，月商が1,000万円なら，2,800万円分の在庫を保有しているという状態を意味します。回転率で言い換えると，在庫が2,800万円，年間売上高が12,000万円（月商1,000万円×12ケ月），つ

まり年間で4.3回転となります。また，「一人当り売上高」だと2,270万円となっています。これは，店舗の年間売上高を従業員数で割り算したものです。

　自店の販売効率の実績を過去と比較し，良くなったかどうかを確認したり，将来の各指標の目標を設定したり，あるいは上記のように業種平均値と比較して現状を捉えるような試みも有意義です。

〔参考文献〕

「小企業の経営指標（2014年版）」　日本政策金融公庫総合研究所編

2 データによる在庫管理

2－1　在庫データの活用

＜在庫の金額と数量の両方を把握することのメリット＞

1　どの商品を，いつ，どれだけ（金額，数量），どこから仕入れたかのデータが得られ，効率的な仕入管理が可能となります。

2　売れ筋商品や死に筋商品が発見でき，適切な補充，追加発注や商品の返品，入替え，タイムリーな値下が可能となります。

3　売れ行きに合わせた品ぞろえの修正ができます。

4　次年度の販売計画や仕入計画を立てる際の参考資料として活用できます。

2－2　商品回転率の計算方法

(1)　商品回転率

・商品回転率（回）は，次の計算式で求めることができます。

$$商品回転率（回）＝\frac{年間売上高}{商品在庫高（売価）}$$

- 年間売上高は売場での販売価格であり，商品在庫高は売価を用います。
- どの時点での商品在庫高を基準とするかについて3つの方式があります。

　①　商品在庫高 ＝ 期末商品棚卸高

　②　平均商品在庫高 ＝ $\dfrac{\text{期首商品棚卸高＋期末商品棚卸高}}{2}$

　③　平均商品在庫高 ＝ $\dfrac{\text{月末の商品棚卸高（12ヵ月合計）}}{12}$

⑵　商品回転期間

- 商品回転期間（日）は，1年間（365日）を商品回転率で割れば算出できます。

　商品回転期間(日) ＝ $\dfrac{\text{1年間（365日）}}{\text{商品回転率}}$

- 商品回転期間（日）は，今日仕入れた商品が何日後に売れるかという，販売に要する期間を表しています。
- 商品回転期間（日）は，1日の売上高に対して何日分の在庫を持っているかを表しています。

⑶　交差比率

- 商品の販売効率を判断するためには，商品回転率が高い商品と，粗利益率が高い商品の両方を含めた交差比率を検討する必要があります。
- 交差比率は，粗利益率（％）に商品回転率（回）を掛けて算出します。
　交差比率＝粗利益率（％）×商品回転率（回）
- 交差比率は，在庫の生産性を表し，数値が高いほど商品の販売効率がよいことを示します。

図表2－6－1　商品の交差比率

商　　品	粗利益率	商品回転率	交差比率
A	40%	16回	6.4
B	40%	10回	4.0
C	30%	20回	6.0
D	30%	15回	4.5

　商品Aが最も販売効率のよい，稼ぎ筋商品であることが，交差比率でわかります。

第7章

販売管理の基本

1 販売管理の基本知識

1-1 販売管理とは何か

　販売管理は，販売計画をもとに小売業が実施する販売活動の方針や方法を従業員に指揮，統制することです。その販売活動とは，市場調査，店舗施設管理，商品計画（仕入管理・在庫管理を含む），販売促進などです。

1-2 販売管理の目標

　小売業における販売管理の目標は，商品カテゴリー別の販売分析と販売計画を重視して，販売活動の管理にあたることです。

(1) 販売分析

　販売分析は，小売業の販売活動を取り巻く環境要因や変化の動向を正確に把握し，実態を明らかにして販売実績などとの関連性を検討することです。

(2) 販売計画の立案

　販売計画の立案は，小売業の内部と外部の情報の分析結果から，まず全体の販売目標を決定します。

　＜販売計画の目標は＞

　1　努力範囲で実現可能なレベルを設定すること

　2　小売業が必要とする適正な利益額を設定すること

3　公平に担当部門に割り振ること

4　明確な月別活動目標に反映すること

5　目標が達成される活動の裏づけをすること

6　定期的に実績を分析・評価して適宜，活動を修正をすること

(3)　販売活動の管理

　販売活動の管理は，販売計画により，計画の達成に最も望ましい具体的方法（5W1H）を決定し，実行した結果をチェックし，必要な指示を与え販売計画の実現に努めます。POS データを活用したカテゴリー別単品管理の徹底は，最も重要であり小売業に求められる販売管理の基本プロセスです。

2　POS システムによる販売データの活用

2−1　POS システムとは

(1)　POS システムの定義

　POS とは，Point of Sales の略称で，POS システムは，販売時点情報管理システムといいます。

　POS システムの定義は，光学式自動読取方式のレジスターにより，単品別に収集した販売情報や仕入，配送などの段階で発生する各種の情報をコンピュータに送り，各部門がそれぞれの目的に応じて有効利用できるような情報に処理，加工し，伝送するシステムです。

(2)　POS システムの特徴

①　自動読取

　PLU（Price Look Up：価格検索）方式は，商品名や単価などをコンピュータのマスターファイルに登録しておいて，個々の商品に印刷あるいは貼付されたバーコードを光学式スキャナで読み取ることで簡単に精算業務ができます。

② 販売時点でのリアルタイムな情報の収集

販売データは，更新されるので，常に最新データが把握できます。

③ 単品管理

単品管理とは，一つの品目におけるサイズや容量，色などが異なる単品レベルの販売動向を詳細に分析し，管理することです。その単品管理によって，売れ筋・死に筋商品の把握だけでなく，適切な在庫・時間管理の行き届いた鮮度の高い商品の提供が可能となります。

④ 情報の集中管理

チェーンストアは，本部が各店舗の POS データを収集，分析することにより，チェーンストア全体の在庫管理や商品管理，商品計画や仕入計画の策定・修正などの業務に活用できます。

2－2 POS システムの活用

(1) 売場生産性の向上や経営改善への活用

POS システムの活用方法は，販売管理や品ぞろえ計画，販売促進，発注・納品管理などです。

(2) その他の活用策

POS システムに顧客情報を記録した IC カードのカードリーダーを接続し，顧客の購買履歴情報を蓄積することによって，優良顧客の固定客化をはかるための手段として活用されています。

モバイル型簡易携帯 POS は，売場で顧客とコミュニケーションを行いながら，商品登録や決済などの業務が可能です。

POS システムやその POS データは，鮮度管理・商圏分析・店舗診断システムなどの利用のほか，従業員管理・店舗内の設備管理・温度管理を行うこともできます。

2－3　POS システムの仕組み

POS システムは，POS ターミナル（POS 端末または POS レジスターともいう）とストアコントローラから構成されています。

(1)　POS ターミナル

POS ターミナルは，レジスター機能と POS 機能を持っています。

①　レジスター機能

入金・支払処理，返品処理，金券処理，レシート発行，消費税計算などのレジスターとしての基本機能です。

②　POS 機能

POS ターミナルとストアコントローラを連携させて高度な販売データ処理をする機能です。

PLU（Price Look Up：価格検索）方式は，POS ターミナルからバーコードをスキャナで読み取り，ストアコントローラの中の商品マスターファイルから価格を POS ターミナルに呼び出し売上計算を行います。

Non PLU 処理は，POS ターミナル本体で PLU 処理を行うもので，バーコードに商品価格を記録しておき，バーコードを読み取ると同時に，売上計算処理を行います。

(2)　ストアコントローラ

ストアコントローラとは，POS データを利用して各種の情報管理と分析（商品在庫管理や発注管理など）を行うパソコンです。

大規模な POS システムは，小売店 POS システムがネットワークを通じて本部やベンダー（小売店に商品を納入する業者），メーカーなどのコンピュータと接続され，総合店舗管理システムとしての機能を果たしています。

(3)　PC－POS

PC－POS とは，パソコン OS を掲載したスキャナ付 POS ターミナルシステムです。

3 バーコードの基本知識

3−1 バーコードの仕組み

バーコードは，「バーシンボル」と「コード」から構成されています。バーシンボルは長方形のバー（縦線）とスペース（余白）の列で決められたパターン表示があり，JAN シンボルの場合，盛り込んでいる内容は 0 〜 9 の数字であり，バーシンボルは情報を自動読取させるための情報媒体，コードは情報そのものであり，数字と番号のことです。

3−2 JAN コード

JAN（Japanese Article Number）コードは，海外では EAN（European Article Number）コードと呼ばれています。EAN コードは，世界100か国以上で利用されています。

(1) JAN コードの種類

JAN コードは，標準タイプ（13桁）と短縮タイプ（8桁）があり，標準タイプは，国コード 2 桁を含めて 9 桁と 7 桁の 2 通りがあります。

(2) JAN 企業（メーカー）コードの申請

JAN 企業（メーカー）コードは，一般財団法人流通システム開発センターが国際運用規約にもとづき，一元管理して企業に貸与しています。申請は，最寄りの商工会議所や商工会で行い， 3 年ごとの更新手続きが必要です。

(3) 商品アイテムコードのつけ方

商品アイテムコードは，JAN 企業（メーカー）コードの次の 3 桁（ 9 桁企業コード），もしくは 5 桁（ 7 桁企業コード），短縮タイプでは 1 桁になります。商品アイテムコードの原則は，単品（容量，色，味など）別に付番し，番号は貸与を受けた企業が付番して，重複や付番ミスがないように担当者を決めて管理します。

図表 2 － 7 － 1　JAN コードのタイプ

❶標準タイプ（13桁）

ⓐ 9桁JAN企業（メーカー）コード

JAN企業（メーカー）コード（9桁） ─┐
商品アイテムコード（3桁） ─────┤
チェックデジット（1桁） ──────┘

ⓑ 7桁JAN企業（メーカー）コード

JAN企業（メーカー）コード（7桁） ─┐
商品アイテムコード（5桁） ─────┤
チェックデジット（1桁） ──────┘

❷短縮タイプ（ 8 桁）

JAN企業（メーカー）コード（6桁） ─┐
商品アイテムコード（1桁） ─────┤
チェックデジット（1桁） ──────┘

（注）　アイテム数が500を超える企業には、
　　　複数の9桁JAN企業（メーカー）コードが付
　　　番貸与されます。
　　　（例：利用アイテム数が2,200ある企業に
　　　は9桁企業（メーカー）コードが3つ付番貸
　　　与されます）

利用予定アイテム数	JAN 企業（メーカー）コード数
1～499	1 コード
500～1,499	2 コード
1,500～2,499	3 コード
以下省略	

出所：『バーコードの基礎』（一般財団法人流通システム開発センター）

(4)　ソースマーキングとインストアマーキング

　JAN コードを表示する時期には，商品が製造されて出荷される段階と小売業で販売される段階の 2 つがあります。

①　ソースマーキング

　ソースマーキングは，JAN シンボルを製造・出荷段階で商品包装に直接的に表示することで，その商品の原産地を表しているのではなく，商品の供給責任者がどこの企業か，何という商品かを識別するために行います。また，海外で製造されている場合でも，日本の企業ブランドで販売される商品は，日本の国コードである「45または49」で始まるバーコードで行います。

②　インストアマーキング

　製造・出荷段階では，JAN コードが表示できない商品があり，小売業が販売するときに JAN コードを表示することをインストアマーキングといい，

社内システムとして位置づけられています。コード体系は，PLU方式とNon PLU方式に区分されています。

図表2－7－2　ソースマーキングとインストアマーキングの体系

	コード名称	コード体系			対象商品
ソースマーキング	JANコード 標準（13桁）	M₁ M₂ M₃ M₄ M₅ M₆ M₇ JAN企業（メーカー）コード（7桁）	I₁ I₂ I₃ I₄ I₅ 商品アイテムコード（5桁）	C/D チェックデジット（1桁）	一般商品 ※2001年1月以降に新規登録した企業のJANメーカーコードは9桁です。
		※M₁ M₂は、国コード「45」または「49」 M₁ M₂ M₃ M₄ M₅ M₆ M₇ M₈ M₉ JAN企業（メーカー）コード（9桁）	I₁ I₂ I₃ 商品アイテムコード（3桁）	C/D チェックデジット（1桁）	
		※M₁ M₂は、国コード「45」			
	JANコード 短縮（8桁）	M₁ M₂ M₃ M₄ M₅ M₆ JAN企業（メーカー）コード（6桁）	I 商品アイテムコード（1桁）	C/D チェックデジット（1桁）	特に小さい商品
		※M₁ M₂は、国コード「45」または「49」			
	EANコード 標準（13桁）	F₁ F₂ 国コード（2桁）	M₁ M₂ M₃ M₄ M₅ メーカーコード（5桁）　I₁ I₂ I₃ I₄ I₅ 商品アイテムコード（5桁）	C/D チェックデジット（1桁）	輸入される商品 この他に8桁がある ※国コードが3桁の場合もあります。 ※国コードが3桁の場合、通常はメーカーコード4桁、商品アイテムコード5桁ですが、逆の国もあります。
		F₁ F₂ F₃ 国コード（3桁）	M₁ M₂ M₃ M₄ M₅ M₆ M₇ M₈ M₉ メーカーコード＋商品アイテムコード（9桁）	C/D チェックデジット（1桁）	
インストアマーキング例	標準（13桁） PLUコード （ピーエルユー）	F₁ F₂ （2桁）	I₁ I₂ I₃ I₄ I₅ I₆ I₇ I₈ I₉ I₁₀ 商品アイテムコード	C/D チェックデジット	ソースマーキングされていない一般商品、雑貨等
	NonPLUコード （ノンピーエルユー）	F₁ F₂ （2桁）	I₁ I₂ I₃ I₄ I₅ I₆ 商品アイテムコード　P₁ P₂ P₃ P₄ 価格	C/D チェックデジット	生鮮食品のような計量する商品で価格が個々に異なるもの。この他に8桁があります。
		※F₁、F₂は 20～29、02 を使います。			

出所：『バーコードの基礎』（一般財団法人流通システム開発センター）

- PLU（Price Look Up）方式は，あらかじめ商品の売価をストアコントローラの商品マスタに登録し，商品に表示されているJANシンボルをスキャナで読み取った際に売価をPOS端末で表示・処理する仕組みです。
- Non PLU方式は，JANシンボルの中に売価を表示して，JANシンボ

ルを読み取った際に，その金額を POS 端末に直接的に表示する仕組み
です。

<② マーチャンダイジング>

本試験形式問題

第1問 次のア～オは，商品の基本について述べている。正しいものには1を，誤っているものには2を，解答欄に記入しなさい。

ア 宅配便や旅行代理店などのサービス，インターネットへの接続などのシステム，新聞などの情報は，商品には該当しない。

イ 消費者が商品によって満足を得る質的な要素である品質のうち，個人的な趣味や嗜好は，三次品質のことである。

ウ 商品コンセプトとは，その商品のもつ概念や主張のことである。

エ 最寄品，買回品，専門品では，専門品の購買頻度が一番低い。

オ 商品が持っている機能がより高い性能で得られることで，消費者はより高い満足を得ることができる。

解答欄	ア	イ	ウ	エ	オ

第2問 次の文章は，マーチャンダイジングの体系について述べている。文中の〔　〕の部分に，下記に示すア～オのそれぞれの語群から最も適当なものを選んで，解答欄に記入しなさい。

マーチャンダイジング・サイクルとは〔ア〕の本部が〔イ〕の策定を起点として，〔ウ〕や仕入計画などを企画，立案し各店舗が必要とする商品を仕入れ，販売政策を各店舗に指示する。各店舗はアの〔エ〕政策を具現化するため，売

2 マーチャンダイジング

場の所定の位置に指示されたとおりに〔オ〕することや，販売促進を行い，結果を**ア**の本部へフィードバックする業務を繰り返すことである。

【語　群】

ア〔1．チェーンストア　　2．単独店　　3．問屋　　4．メーカー〕

イ〔1．価格設定　　2．商品管理　　3．商品計画　　4．補充発注〕

ウ〔1．接客・サービス　　2．販売計画　　3．経営計画　　4．利益計画〕

エ〔1．価格　　2．総合化　　3．標準化　　4．専門化〕

オ〔1．検品　　2．仕入交渉　　3．値入　　4．棚割〕

解答欄	ア	イ	ウ	エ	オ

第3問　次の文章は，商品計画における専門化について述べている。文中の〔　〕の部分に，下記に示すア〜オのそれぞれの語群から最も適当なものを選んで，解答欄に記入しなさい。

店舗は，単に品ぞろえの〔ア〕を絞り込んで専門化をはかれば，専門店として位置づけられるわけではない。品ぞろえの**ア**が絞り込まれていても，〔イ〕に〔ウ〕が欠けていたのでは単なる〔エ〕店である。真の専門店は，品ぞろえの**ア**と**イ**の双方が，計画的に〔オ〕構成されていなければならない。

【語　群】

ア〔1．質　　2．幅　　3．量　　4．ブランド〕

イ〔1．商品　　2．店舗　　3．構成　　4．奥行〕

ウ〔1．規則性　　2．収益性　　3．計画性　　4．一貫性〕

エ〔1．業種　　2．百貨　　3．卸　　4．業態〕

オ〔1．マトリックス　　2．ファッション　　3．ニーズ

　　4．カテゴリー〕

解答欄	ア	イ	ウ	エ	オ

第4問　次のア〜オは，販売計画および仕入計画などの基本について述べている。正しいものには1を，誤っているものには2を，解答欄に記入しなさい。

ア　売れ筋商品を徹底してゴンドラの中で最も目立つ位置に広くスペースをとると，同一ゴンドラ内の他の商品の売れ行きが鈍る場合も少なくない。

イ　販売計画には，組織によって，全社レベル，店舗レベル，部門レベルの計画，期間によって，期や季，月，週，日のようにさまざまな計画がある。

ウ　随時仕入では，一度に大量の仕入を行う方法で，数量割引などによる仕入原価の引下を行うことができるメリットがある。

エ　店舗ごとの独自仕入では，全社的に統制のとれた販売促進や在庫管理ができる。

オ　多頻度小口配送は，小売業にとって在庫を抑えて欠品率を低くするメリットがある。

解答欄	ア	イ	ウ	エ	オ

2 マーチャンダイジング

第5問　次の文章は，売価設定について述べている。文中の〔　　〕の部分
　　　　に，下記に示すア～オのそれぞれの語群から最も適当なものを選んで，
　　　　解答欄に記入しなさい。

　売価とは，小売業が販売する商品につける販売価格の略称のことである。売
価の設定によって，商品の〔ア〕は大きく変動する。したがって，小売業は，
一般に当該メーカーの示唆する小売価格を考慮に入れて，地域の〔イ〕，競争
店の売価設定状況，商品の〔ウ〕などを総合的に勘案して売価を決定する。た
とえば，〔エ〕，流行商品などの導入には，比較的高めの売価を設定し，時間の
経過にしたがって順次，売価を引き下げていく戦略をとる小売業がある。小売
業における売価設定の基本方針は，戦略レベルでは，〔オ〕とエブリディ・ロー
プライスの2つの売価設定が基本となる。

【語　群】
ア〔1．品質　　2．売れ行き　　3．価値　　4．補充〕
イ〔1．天候　　2．人口　　3．需要動向　　4．文化〕
ウ〔1．ライフサイクル　　2．形状　　3．重量　　4．ネーミング〕
エ〔1．新商品　　2．見切り商品　　3．目玉商品　　4．ＰＢ商品〕
オ〔1．段階価格　　2．一物多価　　3．ロスリーダー価格

　　4．ハイ・ロープライス〕

解	ア	イ	ウ	エ	オ
答					
欄					

第6問　次のア～オは，利益構造について述べている。正しいものには1を，
　　　　誤っているものには2を，解答欄に記入しなさい。

ア　売価10,000円，売価値入率25％の商品の仕入原価は，7,000円である。

イ　6,160円で仕入れた商品を8,800円で売ろうとするときの売価値入率は，28
　％である。

ウ　仕入数量20個，売価200円，原価160円の商品の値入高合計は，800円であ
　る。

エ　売価4,000円，値入高合計600円の商品の平均値入率は，24％である。

オ　粗利益率27％，粗利益高1,890円の商品の売上高は，7,000円である。

解答欄	ア	イ	ウ	エ	オ

第7問　次のア～オは，在庫管理の基本と販売管理の基本について述べてい
　　　　る。正しいものには1を，誤っているものには2を，解答欄に記入し
　　　　なさい。

ア　数量による在庫管理は，商品仕入・在庫・販売を金額的に把握し，財務管
　理を行うのに適している。

イ　一般的に，売れ行きのよい商品は在庫期間が短く，商品回転率は高い。

ウ　POSシステムは，POSターミナルから構成されている。

エ　JANメーカーコードは，国コード47または49を含めて9桁と7桁の2通
　りがある。

オ　インストアマーキングとは，小売業が売場で販売するときにJANコード
　を表示することである。

2 マーチャンダイジング

解答欄	ア	イ	ウ	エ	オ

〔解答・解説〕

第1問
【2－2－1－1－1】
アは，商品の対象になるものは物財だけではない。イは，二次品質のことである。

第2問
【1－3－2－3－4】
マーチャンダイジング・サイクルにおける本部業務は，商品計画を起点として，販売計画および仕入計画などの具体的な実施内容にもとづき，仕入先企業との間で仕入原価および数量などの取引交渉を経て，必要とする商品をとりまとめて初期発注を行い店舗へと送り込むことである。

第3問
【2－4－3－1－1】
専門店とは，単なる1つの業種にこだわった商品を専門に扱う店舗で，顧客層を限定しない業種店（専業店）との相違について理解することが重要である。また，専門店は，顧客への生活提案力やコンサルティングセールスなどの能力も求められる。

第4問
【1－1－2－2－1】
ウは，大量仕入によるメリットである。エは，集中仕入による効果についての記述である。

第5問

【2－3－1－1－4】

　売価設定は，小売業にとって重要な意味を持つ。その基本方針は，中長期の経営戦略にもとづき決定される。定番商品における戦略的な売価設定は，ハイ・ロープライス政策とエブリディ・ロープライス政策である。

第6問

【2－2－1－2－1】

ア　売価値入率＝{（売価－仕入原価）÷売価}×100の応用にて算出。
　　10,000円×25％＝2,500円　　　　10,000円－2,500円＝7,500円

イ　売価値入率＝{（売価－仕入原価）÷売価}×100にて算出。
　　{（8,800円－6,160円）÷8,800円}×100＝30％

ウ　値入高合計＝売価－仕入原価にて算出。
　　4,000円（20個×200円）－3,200円（20個×160円）＝800円

エ　平均値入率＝（値入高合計÷売価）×100にて算出。
　　（600円÷4,000円）×100＝15％

オ　粗利益率＝（粗利益高÷売上高）×100の応用にて算出。
　　1,890円÷27％＝7,000円

第7問

【2－1－2－2－1】

　アは，数量による在庫管理ではなく，金額による在庫管理である。ウは，POSターミナルとストアコントローラから構成されている。エは，国コードは45または49である。

3

ストアオペレーション

第1章

ストアオペレーションの基本

ストアオペレーション・サイクルの体系

チェーンストアが効率的，かつ，効果的な店舗運営（ストアオペレーション）を行うためには，次の1から8のような「1日の運営業務の要となる作業体系」を確立し，具体的な作業をワークスケジュールに組み入れることが必要となります。

図表3－1－1　ストアオペレーション・サイクル

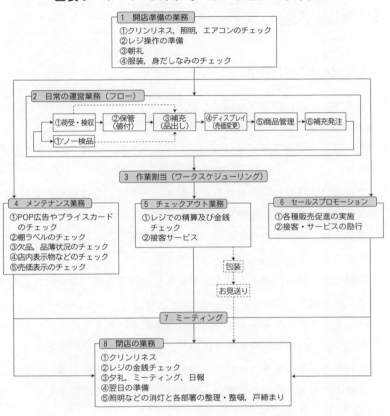

1 開店準備の業務

1－1 クリンリネス

クリンリネスとは，掃除・清掃のことです。

⑴ ３Ｓの励行

売場のクリンリネスを実践するには，「整理，整頓，清掃」の３Ｓを励行することです。

1 整理とは，乱れた商品をきちんと整え，秩序どおりに正しくそろえ，不要な商品を売場から取り除く行為です。

2 整頓とは，商品や資料などを一定の規則や基準にもとづききちんとかたづけることです。

3 清掃とは，拾う，掃く，拭く，磨くなどの作業を繰り返し行うことで清潔さを作り出すことです。

クリンリネスの３Ｓを実行するための基本的ルールとは，

1 売場や店舗内外の清掃場所を区分し，時間を決めて必ず実施する

2 汚れやゴミなどをみつけたら，速やかにその場で清掃する

3 清掃中に顧客が近づいてきたら，一時，手を止めて挨拶する

⑵ 店舗周辺の清掃箇所

店頭および店舗周辺の清掃は，小売店が１日の業務を開始するうえで最も大切です。

⑶ 店内の清掃

各種ディスプレイ什器や通路が汚れていては，小売店の魅力は半減します。

⑷ バックヤードの清掃

バックヤードとは，検品所・倉庫・事務所などで顧客が立ち入らない店舗の後方施設で，店舗と表裏一体であり，店内同様の清掃が必要です。

1－2　レジ操作の準備

(1)　レジ操作の準備

レジ業務の開店前作業とは，チェックアウト施設の周辺の整備，チェックアウト施設の備品の点検と補充，レジスターの点検，つり銭の準備，連絡事項の確認，身だしなみのチェックなどです。

(2)　レ ジ 操 作

レジは，買物の締めくくりの場所であり正確，迅速，丁寧な対応が求められます。レジ業務は，「買上金額登録」，「代金の受け渡し」，「接客」が基本的な3要素です。

(注)　レシートの役割

金銭とともに顧客に手渡すレシートには，入力明細・発行番号・年月日時間・店コード・売価・売価合計などの情報が含まれています。

(3)　レジにおける接客上の留意点

チェッカー業務は，次の点に留意して顧客に対応することが大切です。

- ・顧客をいら立たせない ― 動作は遅れても，顧客への返事は早くする。
- ・精算の順番を間違えない ― レジ待ちの顧客には，目礼や「少々お待ちください」と言う。
- ・のんびりしない ― 急いでいると思われる顧客には，迅速にテキパキと接客する。
- ・明瞭な声を出す ― 他の従業員にも聞こえるような明瞭な発声で，顧客に信頼感をもたらす接客を心がける。
- ・ごまかさない ― 顧客から聞かれたことがわからない場合でも，いい加減な出まかせを言わない。

(4)　クレジットカード処理の一般的手順

信用照会端末（CAT 端末：Credit Authorization Terminal）を使用する場合の一般的手順は次のとおりです。

①　顧客に，一括払い，分割払い，リボルビング払い（利用金額に関わらず，

毎月一定の金額を支払う方法）といった希望支払方法を尋ねます。

②　買上金額や支払方法を入力するとともに，リーダーでカードの磁気部分を読み取ると，オンラインでカード発行会社への信用照会が行われます。

③　承認されれば，利用者控えおよび店舗控えレシートが発行されます。

④　店舗控えレシートに顧客のサインをもらい，カード裏面のサインと照合します。

⑤　商品とクレジットカードおよび利用者控えレシートを顧客に渡します。

⑸　電子マネー

電子マネーは，電子的なデータのやり取りだけで商品代金の支払いを行う電子決済の一種で，プラスチックカードにICチップが埋め込まれた「ICカード型電子マネー」と携帯電話にICチップを内蔵した「おサイフケータイ」があり，サインが不要で，小銭の受け渡しも不要なため，少額決済の小売店舗で利用，普及が進んでいます。

⑹　セルフチェックアウト・システム

セルフチェックアウト・システム（通称:セルフレジ）は，顧客が自分自身でPOSレジを操作して，会計を済ませる方法です。顧客サービスの視点からは，買い物点数が10品目以下などのように少ない顧客に利用してもらうことで，レジ待ち時間の解消に期待されています。ストアオペレーションの視点からは，チェッカーの人手不足対応として期待されています。また最近は，レジは通常どおりの精算をし，実際の支払いは別の場所にある自動精算機で，顧客が自ら精算するシステムが開発されています。

1－3　朝　　礼

朝礼の目的は，従業員の意欲を高め，今日のスケジュールや売上目標などを確認し，顧客満足度の高い店づくりに向けて意思統一をはかることです。

朝礼には，次のような確認・伝達事項があります。

1　経営理念，経営方針の徹底

2　昨日の業務引き継ぎ事項と反省点

　3　今日の作業予定と販売目標の確認

　4　従業員の身だしなみのチェック

　なお，朝礼は短時間で済ませ，速やかにミーティングや担当者別の仕事につく体制を作ることが重要です。

```
＜朝　　　礼＞

　朝礼は，販売員の意欲を高めるようにすることが望ましいと言えます。
実際の例として，注意や指導が中心であった朝礼を改め，効果的な接客内
容や顧客からの感謝の言葉などを伝えたり，従業員の良い点をほめたりす
る朝礼に変えたところ，従業員の取り組み姿勢が良くなったスーパーの事
例などがあります。受け身の姿勢ではなく，従業員一人一人が自ら積極的
に店舗運営に取り組むような活用の仕方が望まれます。
```

1－4　服装，身だしなみ

　販売員の服装や身だしなみは，商品や店舗施設と同様に，顧客が良い店舗かどうかを見分けるための大きな判断要素となります。

(1)　顧客によい印象を与える外見

　コミュニケーションの3大要素の影響力は，「言葉」7％，「声や声の調子」38％，「視覚（動作，表情，服装，化粧）」55％の割合となることを，アメリカの心理学者アルバート・メラビア·ンが指摘しています。最初によい印象を与える外見は，よい印象を与えることにより信頼関係ができるので，販売員にとって大切な要素となります。

(2)　制服がある場合

　洗濯した清潔なものを着用し，名札がある場合は，顧客から名札が見えるように付けます。

①　白衣の場合

　少しでも汚れていると目立つので，いつでも真っ白で清潔な白衣を着用し

ます。

② 女性の場合

　ストッキングは，服装や店舗の雰囲気に合ったもので，あまり目立ちすぎないものにして，替えをロッカーに置いておきます。靴は，立ち仕事のため，低いヒールを選び，踵を踏みつぶして履いたりしません。

　販売員の身だしなみ・服装としては，適度な化粧，清潔感のある髪型で長い髪は束ねる，名札を付ける，きれいに洗濯された制服，ボタンは全部とめる，清潔感のある手・爪，作業しやすい靴，などに配慮します。

(3) 制服がない場合

　毎日の服装をどのようにするかは，季節感を出す，店舗のその時期のディスプレイと統一感をもたせる，自店の「いちおし商品」を取り入れる，などをヒントにするとともに，他の販売員との調和も考えて工夫します。

(4) 身だしなみ

　身だしなみとしては，男性の場合は毎朝ひげをそる，洗濯したシャツ，ブラウスを着る，化粧はナチュラルメイクで品よくする，髪の色やマニキュアは自店の基準に合わせる，香水やオーデコロンはきつい香りは避け食品販売の関係者はつけない，ひげの有無や男性のロングヘアは自店の基準に合わせる，などに配慮します。

---

2 日常の運営業務

2−1 荷受・検収

(1) 荷　　受

　荷受とは，メーカーや卸売業などの仕入先企業（サプライヤー）から配送された商品の受け取りのことです。

(2)　検　　収

　検収とは，発注した商品が間違いなく納品されたかをチェックする作業のことです。

　＜検収作業の要点とチェックポイント＞

①　発注書どおりの商品かどうかのチェック

　発注書・納品書の数量と入荷商品の数量の照合・入荷商品の商品番号・色・サイズなどを確認。

②　品質のチェック

　品質の劣化・パッケージの汚れ・商品の破損・品質保証期限過ぎの商品などの不良品の確認。

③　納品が指定どおりに行われたかどうかのチェック

　納品が指定どおりの時間，方法で行われたかの確認。

④　欠品・数量不足・不良品などの関係者への連絡と処理のチェック

⑤　検収終了後，伝票の検収欄へのサイン，押印のチェック

　荷受・検収を正確に行わないと，品質不良品を取り扱うことになり店の信用を損ね，また経営面からは，商品ロスの原因となります。

2－2　保管と商品への値付

　小売店の日常業務の1つである商品への値付作業は，設定された売価の札（タグ）を商品に添付する作業です。顧客のなかには，棚ラベルの売価表示だけでは，購買決定しにくいと考える顧客は少なくなく，そのために商品への値付は購買促進に欠かせない作業となっています。

2－3　補充（リセット）

(1)　補充（リセット）作業の進め方

　小売店の営業時間中においては，顧客の必要とする商品が，適切な場所に，適切にディスプレイされていることが店舗運営上の原則です。すなわち，売れた商品を速やかに補充することが店舗経営の基本といえます。

　商品が売れて，什器に商品数量が少なくなったときに，バックヤードなどから商品を選んで補充することを品出しという業界もあります。

(2)　補充（リセット）作業の原則

　補充とは，納品された商品を所定の売場の位置に陳列することです。定番商品は，在庫を常に確認して，補充発注によって一定数量をディスプレイします。

　＜補充作業の2つの方法＞

　①　先入れ先出し陳列の原則

　　最寄品のセルフサービス販売方式を行う小売店における商品の補充作業は，原則として先入れ先だし陳列を行います。先入れ先出し陳列は，先に仕入れた日付の古い商品を前面の取りやすい棚の位置に引き出して，新しい商品を棚の奥に入れてディスプレイすることです。

　②　前進立体陳列の強化

　　前進立体陳列とは，商品を顧客の手前に引き出してディスプレイし，顧客が商品を取りやすくする陳列手法です。棚の奥よりも手前に量感を持たせるように商品を細かく積み上げ，少量の在庫でも立体的にディスプレイすることで，量感が出るように陳列することです。

(3)　前出し作業

　①　前出し作業の意味

　　前出し作業とは，最寄品のセルフサービス販売方式の売場において，商品が乱れたときなどに手直しして整え，少なくなった陳列数量などに量感を出す作業で，商品を補充するときなどに合わせて行います。

　②　前出し作業の実施要領

　　前出し作業は，時間をかけて行うものではなく，場所や時間帯のポイントを押さえて，効率的に実施することが大切です。セルフサービス販売方式の売場では，よく売れる商品の売場を中心に，1日に最低でも4回以上の前出し作業を実施するのが基本です。

　＜実施要領＞

　・棚の最上段の左上から逆S字で下段に向かって棚番ごとに行う小売業が多

い。

- 棚ごとに最低でも2列以上の商品を対象に行い，効率化をはかる。
- 商品を整える場合は，商品のフェイスを正面に向けてそろえる。
- 斜めに並べてスペースの陳列数量を増やす量販商品は，入口側からよく見えるようにする。
- 棚番の位置と異なる商品がある場合は，正しい売場に戻し，不良品は，棚から外す。
- POP広告，棚ラベルの位置などを確認して，破れていたり，汚れていたりするものは修正する。
- 不良品を発見したときは，返品扱いとして棚から外す。

2-4　補充発注

(1)　補充発注の目的

補充発注とは，主として売れた定番商品を売場に必要な数だけ補充するために，仕入先企業に発注することです。

小売業にとって，顧客の求める商品が何かを把握して，売場にそれらの商品を必要な量だけ常にそろえることは，重要な業務です。

(2)　適正な品ぞろえの維持

商品管理の良し悪しが，小売店の業績を大きく左右します。

欠品は，顧客の期待を裏切ることになるので，残さず切らさずが小売店経営の基本です。

店舗における商品管理は，「補充発注→荷受・検収→値付→補充（前出し）・ディスプレイ→販売」のサイクルで行われます。

補充発注の目的は，欠品や過剰在庫の発生を防ぎ，適正な数量の品ぞろえを維持することにあります。

小売店は，適正にディスプレイするための陳列在庫数量の設定基準による発注サイクルと発注数量の設定の条件を整備する必要があります。

⑶ 補充発注の重要性

　小売店は，売れ筋商品や定番商品などの品薄や欠品を発生させないように運営しなければならないため，商品担当者は，安全性を考えて発注数量を多めにする傾向があり，その結果，売れ残りや過剰在庫が発生しています。

　過剰在庫は，次のような問題を発生させる要因となります。

・鮮度の劣化や商品ロスの発生につながる。
・死蔵商品の増加と売れ筋商品の減少を招くことになる。
・在庫チェック機能や作業効率が低下することになる。
・在庫金利の負担が増加することになる。

　したがって，店舗における補充発注業務では，売上額の変動要因を絶えず調査，分析し，適切な販売予測を立て，取扱商品の売れ行き動向や在庫数量の把握などを重視して，適切な発注数量を決定しなければなりません。

⑷ 補充発注作業の基本と留意点

　セルフサービス販売方式を主体とする小売店の定番商品の補充発注は，棚ラベルに印字した品目ごとの適正在庫数量と現在の陳列在庫数量の差を発注するのが基本です。しかし，特売商品や季節商品などについては，適正在庫基準を使いません。

　　＜補充発注作業を実施する上での留意点＞

①　在庫を常に整理整頓する。
②　売場の在庫数量を把握する。
③　死に筋となった定番商品の排除を適切に処理する。
④　棚ラベルをつける。
⑤　適切な販売計画を立てる。

2－5　発注システム（EOS，EDI）

⑴ 発注の基本知識

①　適切な発注のための留意点

　　日々のストアオペレーションに関わる仕入，保管（在庫），発注という3

つの機能は，相互に密接な関係にあります。適切な補充発注を行うために，次の点に留意する必要があります。

- 倉庫，バックヤード，陳列棚などを整理・整頓・清掃し，正しい在庫数量を常に把握する。
- 天候や気温などの気象条件を考慮し，商品の販売数量を予測する。
- 地域行事や新商品情報などの最新情報を収集する。
- 売上状況を把握し，販売予測の精度を上げる。
- メーカーや卸売業などの流通在庫の状況や店舗への入荷状況を把握する。
- 競争店の販売状況や催事などの販促活動を常に観察する。

② 発注の形態

発注の形態には，初期発注と補充発注の2つがあります。

初期発注＝定番商品と定める新規の取扱商品や臨時の販売促進商品に関する発注のこと。

補充発注＝主に定番商品などを店舗の商品担当者が継続的に一定の仕入先企業へ必要な数量を発注する形態のこと。

③ 補充発注システムの種類と特徴

- EOS（Electronic Ordering System）

EOSとは，一般に小売店と仕入先企業とのオンライン受発注システムのことで，通常は補充発注システムと呼ばれています。店舗において入力した発注情報は，交換機が設置されたチェーンストア本部や共同受発注センターなどを経由して仕入先企業に配信されます。

- EDI（Electronic Data　Interchange）

企業間がオンラインで情報をやり取りするための情報通信基盤のことで，通常は電子データ交換と呼ばれています。EDIでデータ交換する企業は，多端末現象や多頻度にわたるデータ交換が回避でき，取引に関わる事務処理を大幅に合理化できます。

3 メンテナンス業務

3－1　POP広告のチェック

(1)　POP広告の種類

　顧客に対して商品の特徴や用途などを瞬時に認知させるためには，POP広告の添付が役立ちます。一般的にチェーンストアの本部の商品部が作成している種類は，新商品・日替わり・定番・月間・期間・チラシなどのPOPです。

(2)　POP広告の書き方

　①　書くうえでの留意点

　　カードの枠をいっぱいに使って，大きく，太く書いて，字と字の間隔は，広がりすぎず，密着しすぎずに書きます。

　②　角ペンの使い方

　　ペンを立てたまま書き，ペン先端の切り口のエッジを使いこなすことがポイントです。横線は，腕全体を使って一気に線を引く，縦線は，腕全体と肘を使って引くように書きます。数字は，基本線の組合せで書く，円はペンの向きが変わらないように書きます。

(3)　POP広告の添え方

　エンド，平台，ジャンブル陳列などの大量販売を必要とする商品は，ディスプレイした後，直ちにPOP広告を添付します。POP広告は，顧客の目線の届く位置に横一線に並べて，商品の中心に添えることが基本です。また，POP広告同士が重ならないように添付し，価格表示がPOP広告によって見えなくならないようにします。

3－2　棚ラベルの管理

　セルフサービス販売方式の売場では，単品ごとに棚ラベルを貼付します。棚ラベルの未貼付や内容の不備があると，商品の発注漏れや欠品の発生，売場の

商品管理ができないなどの問題を引き起こします。

① 棚ラベルの概要

　ゴンドラ什器の棚ラベルには，商品名，取引先のコード，部門（いくつかの記号で表示），ケース入り数（１回の発注に対して入庫する単品数量），棚番（上段から下段への段数），TZ（適正在庫の略称で，棚にどれだけの在庫があればよいかという目安の数字）などの情報がインプットされています。

② 貼　付　方　法

　棚ラベルは，商品の中心に合わせて漏れなく貼付します。商品と棚ラベルが一致していれば補充発注が容易となり，顧客に商品名や売価をわかりやすく伝えられます。

③ 棚ラベルの交換

　棚ラベルは，季節の変わり目など定番商品の改廃時，発注単位に変更がある場合，スキャニングできない場合，などに交換します。

3－3　欠品，品薄状況のチェック

＜欠品や品薄が発生する原因＞

① 担当者の発注ミス

　担当者が特定のサイズや色などに偏った，また売れ行きを考えない発注。

② 爆発的，予想外の売れ行き

　テレビ CM の放映などによります。

③ 仕入先企業の未納・遅納

　約束の日時までに納品されないなどの納期遅れによります。

3－4　店内の表示物などのチェック

(1) 店内の表示物・サイン表示の有効性

　サイン（案内図記号）とは，店内の売場案内，誘導，告知や催事を案内する看板，標識，記号等の総称のことです。

　サインは，主として絵文字で情報を伝達することが望ましく，また国際化の

進んだ今日では，ビジュアル表示の重要性が増しています。

⑵ 表示物・サイン表示のチェック

POP広告や表示物などの汚れや破損は，すぐに取り替えることが重要です。

案内用の絵文字（ピクトグラム）は，（公）交通エコロジー・モビリティ財団が設置した「一般案内用図記号検討委員会」において策定され，2001年3月に決定したものです。

図表3－1－2　ピクトグラムの例

車椅子スロープ　身障者用設備　飲料水　男子トイレ　女子トイレ
Accessible slope　Accessible facility　Drinking water　Men　Women

3－5　売価表示のチェック

売価とは，販売する商品につけられた販売価格のことです。

⑴ プライスカード（値札）やプライスシールのはがれ，汚れ

売価を示すプライスカードやプライスシールは，数字が大きく，くっきり見えるように作成して，はがれや汚れがあると買物がしづらいだけでなく，店のイメージダウンになるので定期的にチェックすることです。

⑵ 消費税の総額表示（内税方式）

総額表示の義務化は，2004年4月からの改正消費税法の施行により実施されています。税抜価格が10,000円である商品は，値札には消費税相当額を含む11,000円（税率10％の場合）を表示します。特例として，外税表示，税抜価格の強調表示が認められています（2021年3月31日までの特別措置）。

図表3－1－3　消費税10％の外税表示例

①	10,000円＋税
②	10,000円（税抜き）

図表3－1－4 消費税10%の税抜価格強調表示例

10,000円（税込11,000円）

4 チェックアウト業務

4－1 レジ業務の役割

セルフサービス販売方式を採用している小売店では，レジスター（レジ）部門は，顧客が最後に立ち寄る場であり，従業員と顧客がコミュニケーションできる貴重な場所でもあります。そのため，レジ業務では，次のような多様な対応が求められます。

① レジ待ちの顧客に目配りをする。

② 目の前の顧客には笑顔で接客する。

③ 値札やレシートに含まれる多くの情報をもとに顧客に対応する。

また，顧客の支払方法は現金に限らず，商品券，クレジットカード，デビットカード，電子マネーなど多様化しています。ポイントカードへの対応なども増えてきているため，迅速，正確，かつ丁寧に精算業務をこなすための相応の訓練が必要とされています。

4－2 レジでの接客

(1) 接客の基本

チェッカーは，マニュアルを遵守し，臨機応変に対応しなければなりません。

① 目の前の顧客に対する留意点

チェッカーは，担当レジに何人並んでいるか。並んでいる顧客は，どのくらいの量の買い物をしたのか。次の顧客は，レジカウンターに買い物カゴを持ち上げることができるか。などを判断することが必要です。

3 ストアオペレーション

＜顧客とのコミュニケーションをはかるうえでの留意点＞

・チェッカーは，顧客の買い物状況を常に観察する。

・レジの顧客一人ひとりにアイコンタクトをして，笑顔で，明るく声がけを する。

・長くお待たせした顧客へは，「お待たせして誠に申し訳ございません」と いうしぐさやアイコンタクトをする。

・精算業務および接客を終了した直後，視線を売場に向けて，周囲の状況を 把握する。

・マイバック持参の顧客には，「ありがとうございます」と必ずお礼を言う。

② レジ周辺の顧客に対する留意点

チェッカーは，漠然と精算業務を行うだけでなく，精算業務に支障をきた さない程度に目配りをして，レジ周辺の顧客の動きや変化を把握することが 大切です。

③ つり銭の渡し方

最近は，従来のお札と小銭を一緒に渡す方法から，最初にお札を渡し，そ の後に小銭とレシートを渡す方法に変わってきています。気配りすべきは， 顧客につり銭を渡すタイミングのはかり方です。顧客の立場を考えないつり 銭の渡し方は，顧客の不満を募らせることになります。

④ ポイントカードを提示された場合

ポイントカードがある場合は，つり銭とは別に返すことが基本的行為です。

⑤ 正しいカゴ入れの技術

・食品と非食品は，分けて入れる。

・硬い物と柔らかい物は，分けて入れ，柔らかい物はカゴの一番上に入れる。

⑥ 商品知識を身につける

よく聞かれる商品や新商品，話題性のある商品などの知識を勉強すること が大切です。

(2) セルフサービス販売方式の場合

セルフサービス販売方式の小売店おいて人的サービスの水準は，チェッカー

の接客サービスの度合いで決まります。

＜セルフサービス販売方式の店に求められるレジ係の役割＞

①　満足な買物ができるかどうかを左右する，販売の締めくくりの場所。

②　金銭授受の唯一の場所。

③　買上げ金額だけでなく，顧客・商品・購買などの情報のデータである FSP（フリークエント・ショッパーズ・プログラム）データが得られる場所。

④　クレーム対応をする場所。

⑤　店内ガイドの役割。

＜レジ係の仕事の機能＞

①　サービス係＝レジ周辺を注意しながら，要望に対応する役割。

②　サッカー＝包装または袋詰めする役割。

③　キャッシャー＝金銭授受のみを行う役割。

④　チェッカー＝商品のバーコードをスキャンして金銭授受する役割。

(3)　対面販売の場合

　対面販売においても金銭授受を間違いなく行うことが基本です。商品包装は，テキパキとして顧客を待たせない心がけで，つり銭を渡す場合は，復唱し，確認に時間をとれば，丁寧な接客対応となります。

　商品は，両手で渡し，たくさんの荷物があれば手提げ袋を渡すなどの，顧客の立場に立った臨機応変の応対が大切です。

＜セルフサービス，対面販売，側面販売＞

◇**セルフサービス**：スーパーマーケットに代表されるように，顧客が自分自身で商品を選択し，レジまで持っていって代金を支払う販売方式です。顧客が自分の判断で商品を選択することができる商品で，比較的低価格の商品販売に適しています。

◇**対面販売**：宝石販売店や百貨店で見られるように，顧客と対面して説明を加えながら商品を提案し，代金精算まで行う販売方式です。顧客の知識だけでは商品判断が難しいような専門品の販売や，高額商品の販売に

> 適しています。
>
> ◇**側面販売**：対面販売とほぼ同様ですが，家具や絵画を販売する時，顧客
> と同じ側に立って，説明・販売を行う方式です。

⑷　レジ係の顧客に対する言葉遣い

　レジ係は，表情を明るく，やさしい笑顔で，顧客への話し方には思いやりを
持って，敬語を正しく使い，顧客にわかる言葉（業界用語・専門用語などはつ
かわない）を使って，顧客の言葉を否定したり，言い争ったりしないことです。

図表３－１－５　レジ係の接客話法

場　　面	言葉遣い
待ってもらうとき	「恐れ入りますが，少々お待ちください」
待ってもらったとき	「大変お待たせいたしました」
こっちに来てほしいとき	「どうぞ，こちらにお越しください」
ほかの場所（売場）で聞いてほしいとき	「恐れ入りますが，○○売場でお聞きいただけますでしょうか」
よいかどうかの確認をするとき	「よろしいでしょうか」
名前や住所を聞くとき	「恐れ入りますが，お名前とご住所をお聞かせいただけますでしょうか」
細かいお金の持ちあわせを尋ねるとき	「恐れ入りますが，○○円，お持ちでございますか」
並ばない顧客がいるとき	「恐れ入りますが，お並びいただけますでしょうか」

⑸　セルフサービス販売を主体とする小売店の「レジ業務における７
　　大用語」

　＜レジ業務における７大用語＞

　①　「いらっしゃいませ」

　②　「（大変）お待たせいたしました」

③　「○○円のお買上げでございます」

④　「○○円お預かりいたします」

⑤　「ひとまず○○円お返しいたします。残り○○円のお返しでございます。
　　お確かめくださいませ」

⑥　「ありがとうございました」

⑦　「またお越しくださいませ」

▌5　ミーティング

(1)　ミーティングの意義

　小売店の販売目標を達成していくには，従業員全員が協力するチームワーク
が必要となるため，納得できる話し合いを通じてお互いのコミュニケーション
を深めていく場を持つことです。従業員間の意見調整や重要事項の周知徹底を
はかり一致団結する必要があります。それが，ミーティングの意義と必要性と
いえます。

(2)　ミーティングの目的とテーマ設定

　＜ミーティングをする目的と主なテーマ＞

①　目標達成に向けての意思統一

　数値目標，小売店の方針などについて，従業員の理解を深め，目標達成に
向かっての意欲を高めていく，その手段としてミーティングを計画的に行う
必要があります。

②　本部における決定事項の報告・連絡

・販売促進の実施に関すること

・店舗の作業に関する調整・連絡のこと

・新商品の導入および売価に関すること

・会議決定事項の連絡・報告のこと

③ 従業員のやる気，モラールを引き出す

正規はもとより非正規社員も意見や情報を遠慮なく言える場を定期的につくることで，仕事への参画意識を高め，やる気やモラール（勤労意欲・士気）を引き出すことができます。

＜モラールとモラル＞

モラール（morale）とは，士気や勤労意欲と訳されており，組織への忠誠心や帰属意識，目標達成に向けた熱意などをさします。職場の労働条件や人間関係にも左右されるものです。

それに対してモラル（moral）とは，道徳意識や倫理観と訳されます。似たような言葉の「マナー」は時代によって変化しますが，モラルはそれよりも普遍的なものとされています。

---

(3) ミーティングの実施

小売店では朝礼の実施時間が短いため，重要事項や話し合いが必要な調整事項については，ミーティングを実施する必要があります。日々のミーティングでは，次のことに留意します。

① 推奨商品や重点販売商品の確認と勧め方
② 接客の基本とポイント
③ チラシ広告やイベントなどの実施対策
④ 競争店の販売状況などへの対策
⑤ 1日の販売目標とその対策

(4) ミーティングの進め方

ミーティングでは，リーダーは長時間にならぬようにスピーディな運営を心がける必要があります。

ミーティングの際にリーダーが心得ておくべきことは，次のようなことです。

① 事前準備を綿密に行う。
② メンバーの発言を優先し，議論が活発になるように調整役にまわる。

③　メンバーの発言に対して，リーダー自身は賛成しかねる場合でも，中立のスタンスを心がける。

④　少数意見のメンバーに対しても発言の機会を与える。

⑤　議論が大きく脱線した場合は，問題を整理する。

⑥　一つのテーマにおいて，できるだけ全員の意見を求める。

(5)　ミーティングのまとめ方──結論を導き，まとめる段階でのポイント

　小売業の経営理念や方針から逸脱しないように結論を導くことが重要であることを前提に，ミーティングを中途半端な状態で打ち切ったりせず，多数決を避け，場合によっては持ち越し，再度，機会を設けて議論の内容を深めていくことに留意してまとめることです。

第2章

包装技術の基本

1 包装の意義と目的

1 − 1 包装の意義

　包装とは，物品の輸送，保管などにあたって，価値および状態を保護するために適当な材料，容器などを物品に施す技術および施した状態のことです。

　包装は，商品価値を高める「個装」，外部圧力から守る「内装」，輸送に必要な「外装」に分けられます。

　倉庫型のディスカウントストアやカテゴリーキラー，パワーセンターなどでは，外装のままでディスプレイされていることが多くみられます。

　生鮮食料品では，外装が原産地表示の手段になることもあります。

　贈答品は，ブランド力のある店舗の包装紙や包装袋が社会的な意味を持っています。

1 − 2 包装の目的

　①　商品の保護

　包装は，市場の流通過程において商品を破損，汚損などから十分に保護するためにあります。

　②　取扱いの利便性

　包装は，輸送や保管，使用などに際して取扱いの利便性を高めることがで

きます。

③　販売単位の形成

　包装は，販売に適する大きさや重量，個数などにまとめることで，販売単位を形成することができます。

④　販　売　促　進

　包装は，強力な販売促進の機能を持っており，デザイン以上に顧客のTPO に対応するもので，商品差別化の手段として利用され購買に強く影響します。また，もの言わぬ販売員の機能を果たしています。

⑤　情報伝達の手段

　ほとんどの商品が，大量生産・大量流通とともに，セルフサービス販売方式の店舗の普及により，プリパッケージング（事前包装）されています。

　包装は，家庭用品品質表示法や食品表示法，医薬品医療機器等法，計量法，容器包装リサイクル法などによる表示の義務づけや規制がされる場合があります。

1－3　包装の心構え

販売員が商品を包装する際の心構えとは，次のものです。

(1)　商品の状態をよく調べる

　汚損，破損，特にサイズや色，個数等に注意して，ご進物用品の場合は必ず値札を取ります。

(2)　商品に合わせて細かい配慮をする

　商品にちょうどよいサイズの包装紙を使用して，壊れやすいものには万全を期すことが重要です。

(3)　スピーディに包む

　買う商品が決まるまではゆっくりと，決まったら手早く応対するのが接客の原則です。

(4)　美しく包む

　仕上げを美しくするために，1ヵ所のテープをはがすと，あとは包装紙がは

ずれるようにし，店名の入ったテープを最後の封印として1枚だけ使うと美しくなります。

⑸　過剰包装にならない

　包装が行きすぎると過剰包装となって資源のムダづかいになります。

⑹　責任を持って感謝の念を込めて包む

　顧客に対する感謝の念を込めて責任を持って包装することが大切です。

■*2* 包装の種類と方法

2－1　包装の基本

　包装の基本形は，「斜め包み（回転包み）」，「合わせ包み（キャラメル包み）」，「ふろしき包み（スクエア包み）」，「斜め合わせ包み」の4種類です。

図表3－2－1　包装の基本形

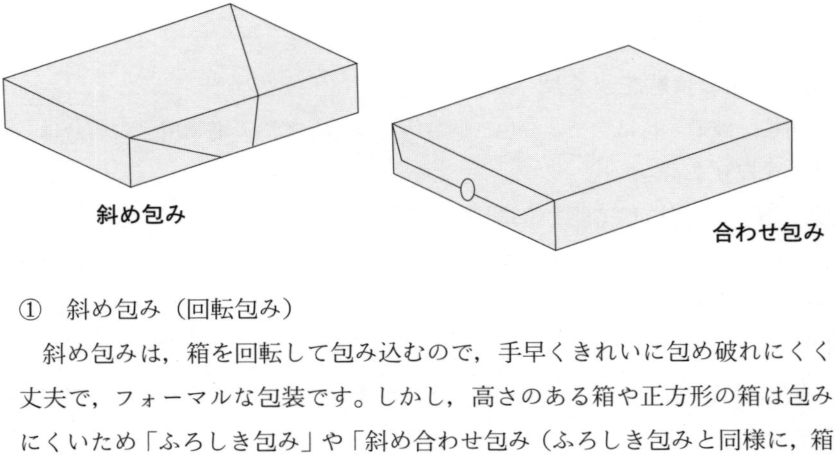

斜め包み

合わせ包み

①　斜め包み（回転包み）

　斜め包みは，箱を回転して包み込むので，手早くきれいに包め破れにくく丈夫で，フォーマルな包装です。しかし，高さのある箱や正方形の箱は包みにくいため「ふろしき包み」や「斜め合わせ包み（ふろしき包みと同様に，箱の底面を上にして，正方形や正方形に近い箱に適した包み方）」を用います。

② 合わせ包み（キャラメル包み）

合わせ包みは，箱を回転せず包装紙の中央に置き，裏返しして上になった底面で左右の包装紙を合わせて包装するため，包装を開きやすく，パーソナルギフトなどに用いられます。

③ ふろしき包み（スクエア包み）

ふろしき包みは，回転させられない，あるいは高さのある箱の場合に，箱の底面を下にして，包装紙の対角線の中央に置き，紙の4つの角を立ち上げて包む包装です。

④ 斜め合わせ包み

斜め合わせ包みは，正方形や正方形に近い箱を包む包装です。

2-2　慶弔時の包装

包み方は，慶事（祝儀），か弔事（不祝儀）によって異なります。弔事以外の結婚式や内祝などの祝い事全般，その他の贈り物もすべて慶事の包み方をします。裏返した贈答品の外装品の天地に対して，慶事は，向かって右側が上に重なる「右前（右扉）」で包装し，弔事は，向かって左側が上に重なる「左前（左扉）」という方法で包装します。

2-3　特殊な形の商品の包装

① らせん型包装

棒状の商品の包装は，細長く切った包装紙を商品に斜めに巻き，商品をくるくる回しながら包みます。

② 分割包装

T型定規のような商品は，頭の部分と細長い柄の部分は，別々に包みます。

③ びんの包装

包装紙をびんに巻きつけシールを貼り，底を折り込み抜けないようにします。

④　大型商品の包装

　箱全部を包装せず，箱の一部に包装紙をかぶせ，ひもをかけ持ちやすくします。

⑤　重量物の包装

　重い商品は，紙を二重にし，ひもを二重，三重にかけて，ずれないようにしっかり結びます。

3 ひものかけ方，リボンのつくり方

3-1　ひものかけ方

　ひものかけ方は，十文字，N字，キの字などがあります。

　ひもがゆるまないコツは，包装台から商品をつき出して，商品の角でひもを結びます。

　重い商品はハの字型にひもをかけ，ハンガーを使って持ちやすくします。

3-2　リボンのつくり方

　洋式進物の代表的なプレゼントやギフトものに，リボンを効果的に活用します。

4 和式進物包装

　和式進物のポイントは，4つあります。

⑴　表　書　き

　贈り主の氏名の上に記入する言葉のことです。「御年賀」「御中元」「内祝」などがあります。

⑵　水　引　き

　こよりを水のりでかためて，中央から2色に染め分けたもので，慶事の色は

紅白または金銀，弔事は黒白あるいは銀白，黄白が用いられます。

　水引きの結び方は，何回もそのことが繰り返されてほしい場合の「蝶結び（花結び）」と，二度とそのことが繰り返されぬように祈りを込めての「結び切り」の2種類があります。

　こより＝細長く切った和紙をひねり，ひも状にしたものです。

　あわじ結び＝結び切りの一種で，二度とあって欲しくないことに用い，左右
　　　　　　　の輪が互いに結び合い，両端を持って引っ張るとさらに強く結
　　　　　　　ばれることから，慶事，弔事の両方に使われます。

図表3-2-2　水引きの結び方

紅白水引き結び切り　　　　　紅白水引き蝶結び　　　　　黒白水引き結び切り
　　　　　　　　　　　　　　　　　　　　　　　　　　　　　（あわじ結び）

(3)　の　　し

　のしは，のしあわびのことで，あわびの肉を薄く長く切り，伸ばして干したもので，縁起物として，もとは儀式用の肴に用い，のちに贈り物に添えました。のしは，これを形式化したもので，色紙を細長く六角形に折り，中にのしあわびの小片に見立てた黄色い紙を貼ったものです。

図表3-2-3　の　　し

(4) 掛 け 紙

　正式には，檀紙または奉書紙を用いるが，半紙や白紙を用いることもあります。

　水引きの結び方は技術を要するため，実際は水引きとのしを印刷した通称「のし紙」を用います。

　＜和式進物その他の注意事項＞

　1　表書きの墨の色は，慶事は濃く，弔事は薄い墨で書きます。

　2　のし紙を品物にかけたとき，裏側で端が重なる場合は，慶事は向かって右を上（右前）に，弔事は向かって左を上（左前）にします。

　3　のし紙が品物よりはみ出るときは，切らずに下から折り曲げます。

　4　慶事の場合でも，品物が魚のときは，のしはつけません。

図表3-2-4　和式進物様式

行事の種類	内　容	表書き	水引きの色	水引きの種類
婚　礼	結婚祝い	御結婚御祝い・寿	紅白・金銀	結び切り
	結婚内祝い	内祝・結婚内祝	紅白	
成　長	出産祝い	祝御出産・御出産御祝・祝御誕生	紅白	蝶結び
	出産内祝い	内祝（生まれた子の名前で）	紅白	
	初節句	祝初節句・初節句御祝・御祝	紅白	
	七五三	祝七五三・七五三御祝	紅白	
	入園・入学	祝御入学（園），御祝	紅白	
	卒業	祝御卒業，御祝	紅白	
社　会　人	就職	祝御就職，御祝	紅白	蝶結び
	栄転・昇進	祝御栄転・祝御昇進・祝御昇格	紅白	
	定年退職	御餞別・御贐・おはなむけ	紅白	
長　寿	還暦数え年61歳	還暦御祝，御祝	金銀・紅白	蝶結び
	古希　〃　70歳	古希御祝，御祝	金銀・紅白	
	喜寿　〃　77歳	喜寿御祝，御祝	金銀・紅白	
	米寿　〃　88歳	米寿御祝，御祝	金銀・紅白	
	白寿　〃　99歳	白寿御祝，御祝	金銀・紅白	
新築・開業	新築祝い	祝御新築・祝御新居・御新築御祝	紅白	蝶結び
	新築内祝い	内祝・新築内祝（名字または世帯主名）	紅白	
	開業祝い	祝御開業	紅白	
見舞い・快気	病気・けが見舞い	御見舞	紅白	結び切り
	快気祝い	快気祝	紅白	
季節の贈答	年賀	御年賀	紅白	蝶結び
	中元	御中元	紅白	
	歳暮	御歳暮	紅白	
	暑中見舞い	暑中御見舞	紅白	
	残暑見舞い	残暑御見舞	紅白	
仏　事	葬儀，通夜	御霊前，御香典	黒白・銀白	結び切り
	香典返し	志，忌明志，満中陰志	黒白・黄白	
神　事	葬儀，通夜	御玉串料	黒白・銀白	結び切り
	香典返し	偲草	黒白・黄白	
キリスト教	葬儀，前夜式	御花料	黒白・銀白またはなし	結び切り
	香典返し	志，偲草	黄白	

第3章

ディスプレイの基本

1 ディスプレイの目的と基本的役割

1－1　ディスプレイの原則

　商品カテゴリー別に異なる業態間の競争が激化し，顧客のニーズが多様化した時代では，商品を並べるだけでは，ディスプレイの重要性が希薄化します。顧客に対し，短時間で買い物ができるショートタイミングショッピング，1か所で必要な商品を買えるワンストップショッピング，エキサイティングで楽しめる体験の場も求められています。

⑴　ディスプレイとは

　店舗の対象とする顧客が求めている商品を，最も見やすい適切な場所に，少ない作業時間で効果的に組み合わせて最適な数量を並べ，関心度の低い顧客にもPRして，買いたくなるように動機づけることです。

⑵　ディスプレイに必要な要素

　何を（品目），いくつ（陳列数量），どこに（位置），どの高さまで（高さ），どの面を顧客に向けて（フェイス），どのような形で（陳列の型），どの商品と一緒に（関連），どのような色の組合せ（カラーコントロール）で，陳列するかです。

⑶　ディスプレイ実施上の留意点

　どのような陳列器具を使って，いつ，どれだけの時間，誰が，誰の指示で行

うのかです。

1－2　ディスプレイの評価基準

ディスプレイの評価基準は，次の6つの事項に要約できます。

① 見やすいか＝見やすさである。

② 触れやすいか＝商品に触れやすいことである。

③ 選びやすいか＝商品が選びやすいことである。

④ 豊富感があるか＝商品の豊富さを演出することである。

⑤ 魅力的か＝商品の魅力を引き出すことである。

⑥ 効率的か＝作業効率のよさである。

(1)　商品は見やすいか

見やすくないといけない理由としては，①見やすくないと顧客は欲しい商品を選べない，②顧客は商品の価値が分からないの2点に大別できます。

見やすいということは，単に商品全体が見えることではなく，顧客の購買意欲が強く働くようにしなければ購買に結びつきません。

＜商品を見やすくディスプレイする留意点＞

① フェイスを正しく整える

商品の正面（顔の部分）を顧客側に向けて整え，商品名が正しく読めるようにします。

② 右側に大容量商品をディスプレイする

同じ商品名で容量が異なるいくつかの単品をディスプレイするときは，顧客側から見て，容量の大きい商品を右側にディスプレイします。

③ 後方に大型商品をディスプレイする

顧客側に近いほうから小型の商品をディスプレイし，大型の商品を売場の後方へディスプレイします。

見やすさを強調することは，次のような売場管理上の効果が実現できます。

1 顧客が店内のあらゆる売場を回遊してくれる（不便さの解消）

2 品切れや品薄がよくわかるようになる（販売機会の増大とロスの防止）

3　ディスプレイの整理や補充が容易となる（作業の効率化による販売費及び一般管理費の削減）

図表3－3－1　商品は見やすいか

・商品が大きくバラツキがないように，全体的に見やすくディスプレイすること。

・商品と色彩や演出力を高めるための最適な照明でディスプレイすること。

⑵　商品に触れやすいか

　触れやすいディスプレイを行う目的は，①商品に直接，触れさせることにより，買いたいという衝動を起こさせる，②商品に触れてもらうことによって，その価値を確かめさせる2点です。

　触れやすいディスプレイとは，認知度が高い売れ筋商品や売りたい商品を売場の中で顧客の手に届く部分にディスプレイすることです。

　触れやすいディスプレイを行うための留意点とは，次のようなことです。

1　高く積み上げないこと

2　商品を詰めすぎないこと

3　商品を貼り付けたり，結んだりしないこと

図表3－3－2　商品に触れやすいか

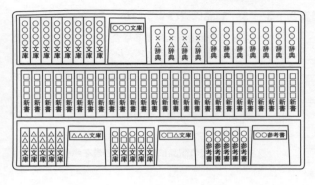

- 裸陳列などの触れやすいディスプレイを選ぶこと。
- 目立ちにくい商品や小さな商品などは，よく見える位置にディスプレイすること。
- 陳列台の高さや奥行きを考え，手の届く範囲にディスプレイすること。

(3)　商品は選びやすいか

　選びやすさとは，顧客が商品の種類やそれぞれの価値と違いを聞かなくても，自分で見て購買決定の判断ができることです。そのためには，商品を分類し，ディスプレイすることが重要です。

　＜分類の基準＞

1　大分類（性別・年代層別・素材別・ライフスタイル別など）で商品を分類する。

2　中分類（用途別・機能別・ブランド別など）で商品を分類する。

3　小分類（価格帯別・デザイン別・カラー別など）で商品を分類する。

　＜選びやすいディスプレイを行うための留意点＞

1　使用目的・価格帯・色などで商品を分類する。

2　仕切り板などで商品を明確に仕切る。

3　どのような基準で商品を分類してあるかが顧客にわかるようにする。

4　POP広告を目的の商品に添えて主張する。

　＜選びやすいディスプレイを行うことによるメリット＞

1　スピーディな購買を促進できる。

2　顧客は目的の商品がわかりやすくなる。

3　ついで買いが増える。

4 商品の整理や補充がしやすくなる。

図表3-3-3 商品は選びやすいか

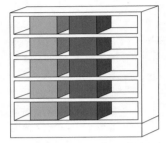

縦型のディスプレイ例

・ゴンドラ什器を活用する場合は，できる限り縦型に商品を分類してディスプレイすること。

・使い方や機能面などの分類基準を用いてディスプレイすること。

・関連商品をテーマに合わせ，1カ所にディスプレイすること。

・推奨品などの商品には，POP広告を添付すること。

(4) 商品の豊富感があるか

＜商品の豊富感を高める方法＞

1 品種の中で品目の数が多いこと

2 品種の数が多いこと

3 品種と品目の両方を多くすること

＜品種の中で品目の数を多くする＞

顧客は，購買目的の品種の中で，自分の好みの品目を選ぶ時，数多くの品目の中から選ぶため，小売店経営の基本は品種の中の品目数を豊富に持つことです。しかし，無計画に商品を持てないため，少ない商品でも豊富感を高めるディスプレイが重要です。

＜品種の数を多くする＞

品種の数を充実させることで，品ぞろえの豊富感を高めることができます。幅広い品ぞろえは，何でもそろう便利性を実現する手法のことです。

図表3-3-4 商品の豊富感があるか

・売場のスペースに合わせて、注目を集める適切な数量を考えてディスプレイすること。

・商品の種類は、用途や機能面からみて不備のないように取りそろえること。

・特売や季節商品は、迫力を出すように、ボリュームを重視してディスプレイすること。

<品群, 品種, 品目, 単品>

◇**品群**：商品全体を見渡した時の、一番大きな括りとなります。例えば、紳士用品、飲料水、女性化粧品などとなります。

◇**品種**：品群の中を区分した括りです。紳士用品ではジャケットやワイシャツ、飲料水ではスポーツドリンクや炭酸入りなどとなります。

◇**品目**：アイテムともいわれ、紳士用品では「○○ブランドのジャケットやプライスライン5,000円のワイシャツ」など、飲料水では「△△ウォーター」や「100円均一の500mlボトル」などとなります。

◇**単品**：一つひとつの商品を指し、これ以上区分できない単位として用います。○○ブランドのジャケットでは「Mサイズで青色のもの」、プライスライン5,000円のワイシャツでは「□□メーカーの綿100％、Lサイズのホワイトシャツ」などとなります。

⑸　商品は魅力的か

　ディスプレイの最大のねらいは，商品の魅力を訴求することであり，主力商品に関連する周辺商品をどのように組み合わせるかといった，商品の組合せが重要となります。

図表3－3－5　商品は魅力的か

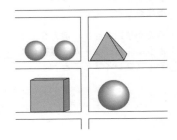

・ホコリがつかないように，清潔さを保てるディスプレイをすること。

・比較して選べる楽しみのあるディスプレイをすること。

・色彩（7色のコーディネートなど）や並べ方に工夫をこらしてディスプレイすること。

⑹　ディスプレイの方法は効率的か

　ディスプレイの作業に時間をかけず，効率的に多くの商品を補充する作業効率向上の方法が重要です。ディスプレイにより，売場は品薄感が払拭されて欠品率が低下し，販売効率の向上に寄与できます。

図表3－3－6　ディスプレイの方法は効率的か

・在庫（売れ残り）が出ないように，適切な数量を予測したディスプレイをすること。

・作業に時間がかかりすぎないようなディスプレイの手法を選ぶこと。

1－3　見やすさと触れやすさの範囲

　日本人の平均身長によると，ゴンドラにディスプレイされた商品が最もよく見える範囲は目線を中心とした125cm～170cm までのスペースといえるが，ゴンドラの前に立ち，商品を選択する場合は，目線よりも低いスペース85cm～125cm が範囲となります。

　ゴンドラ陳列においては，床上60cm～170cm までが有効範囲となります。その中で床上85cm～125cm までの部分をゴールデンライン（顧客にとって，最も商品を取りやすいゴンドラの位置）と呼んでいます。

　ゴールデンラインは，ディスカウントストアやコンビニエンスストアなど，店舗形態によっても天井の高さや什器の高さに違いがあるため，微妙に変化します。

2 ディスプレイの基本的パターン

　ディスプレイの基本的パターンは，商品の品質や形状を基本とし，陳列器具や位置，販売方法などによっても違いがあります。大きく 2 つに分類できります。

図表 3 － 3 － 7　ディスプレイの基本的パターン

陳列器具の形状による ディスプレイの基本的パターン	販売方法の特徴による ディスプレイの基本的パターン
① 平台陳列	① 前進立体陳列
② ハンガー陳列	② 先入れ先出し陳列
③ ゴンドラ陳列	③ ジャンブル陳列
④ フック陳列	④ コーディネート陳列
⑤ ボックス陳列	⑤ オープン陳列
⑥ ショーケース陳列	⑥ サンプル陳列
⑦ エンド陳列	⑦ レジ前陳列
⑧ ステージ陳列	⑧ 島（アイランド）陳列
⑨ カットケース陳列	⑨ 壁面陳列

２－１　陳列器具の形状によるディスプレイの基本的パターン

(1)　平台陳列

　衣・食・住の３部門にわたり，最も広く使用されバーゲンセールだけでなく高価な商品の販売にも活用されてきています。

図表３－３－８　平台陳列のメリット・デメリット

メリット	デメリット
①　陳列台の高さが低いので，店内の見通しがよくなる。 ②　商品を大量販売しやすく選びやすい。 ③　目の下に商品がディスプレイされるために，触れやすい。 ④　平台は軽いために，店内のどこにでも移動配置できる。 ⑤　安さ（買い得感）又はテーマ性（提案）を強調できる。	①　ゴンドラや背の高い什器に比べると，売場のスペースをとる。したがって，平台を置く場所を十分に検討する必要がある。 ②　商品を高く積みすぎると，崩れやすい。したがって横幅スペースを確保する必要がある。 ③　商品を混ぜ合わせてディスプレイすると，押されるために，傷みやすい。

　＜平台陳列の効果的な使い方＞

　　1　高さを制限する

　　2　仕切り板を利用する

　　3　商品を一定の基準にて分類し表示する

　　4　パッケージを利用する

　　5　アンコ（ダミー）を利用する

(2)　ハンガー陳列

　衣料品に最も多く利用され，畳んでディスプレイする必要がないので，作業効率がよく，作業時間を軽減することができます。顧客にとっても，商品が手に取りやすいが，裸陳列のため商品のほこりなどは常にハタキをかけることが大切です。

図表3－3－9　ハンガー陳列のメリット・デメリット

メリット	デメリット
①　型崩れしにくい（傷まない）。 ②　触れやすい。 ③　早く陳列できる。 ④　作業しやすい。 ⑤　売場が乱れない。	①　サイズなどの分類の間違いを発見しにくい。 ②　商品を重ねて吊すために，商品のフェイスが単調となり見にくい。 ③　商品を詰めすぎて，顧客が商品の出し入れにとまどう。 ④　ほこりや汚れがつきやすい。

　＜ハンガー陳列の効果的な演出方法＞

　　1　ハンガーごとの商品グループがひと目でわかるようにする

　　2　商品がハンガーから落ちないように注意する

　　3　値札はきちんと付ける

　　4　サイズ表示はよくわかるように分類する

　　5　器具は安定させ，サビや汚れがないようにする

　　6　商品の向きがバラバラにならないようにする

　　7　ハンガーの汚れやサイズの違いをなくす

⑶　ゴンドラ陳列

　主に最寄品の定番商品を主体におき，多数のアイテムをわかりやすく訴求する陳列です。

図表3－3－10　ゴンドラ陳列のメリット・デメリット

メリット	デメリット
①　小物商品を多く陳列できる。 ②　フェイスをそろえることで，見やすさを演出できる。 ③　棚板などで間仕切りされているため，商品が崩れにくく，傷みにくい。	①　商品の補充と前出し作業を怠ると棚板に空きスペースができて，商品陳列の乱れが目立つ。 ②　前進立体陳列の必要があり，商品の補充と前出しなどに手間がかかる。 ③　棚の最上部と最下部を比べると，商品の目立つ部分とそうでない部分との開きが生じる。

＜ゴンドラ陳列の留意点＞

　　1　商品の間にすき間をつくらない

　　2　商品分類は明確にする

　　3　商品補充は怠らない

⑷　フック陳列

　フック用にパッケージされた商品をフックバーにかけてディスプレイするた
め，文具や家庭用品などのほかに，菓子などにも利用される陳列です。

図表3－3－11　フック陳列のメリット・デメリット

メリット	デメリット
①　見やすい。 ②　在庫量がすぐわかる。 ③　整理しやすい。	①　大量陳列ができない。 ②　大きな商品をディスプレイできない。 ③　商品の出し入れに戸惑う。

　＜フック陳列の効果的な方法＞

　　1　商品を詰めすぎない

　　2　取りやすい高さを考えてディスプレイする

　　3　商品が少なくなったら前進陳列する

　　4　商品のフェイスをそろえる

　　5　商品パックが汚損・破損されたものは取り除く

　　6　空きスペースをつくらない

⑸　ボックス陳列

　いくつかの箱を積み重ねたような仕切りをした陳列什器に，それぞれの分類基準に従って商品をディスプレイするため，主に衣料品で利用されている陳列です。

図表3－3－12　ボックス陳列のメリット・デメリット

メリット	デメリット
①　商品の色やサイズで分類しやすい。 ②　商品選定の基準がわかりやすい。 ③　他の売場と違ったイメージが形成される。	①　商品のデザイン（全体）が見にくい。 ②　整理に時間がかかる。 ③　商品がたたみにくいために，顧客が手に取って見ようとしなくなる。

⑹　ショーケース陳列

　商品をケースの中に収めておき，顧客の要求に応じてその商品を取り出して見せる方式で，色々な商品の陳列に幅広く利用されています。

図表3－3－13　ショーケース陳列のメリット・デメリット

メリット	デメリット
①　汚れにくい。ショーケースの中に商品が並べられているために，汚れがつきにくい。 ②　高級イメージが出せる。高級ケースの使用によって，商品そのものも高級感が訴求できる。	①　商品のディスプレイと整理に時間がかかる。 ②　顧客の要求に応えられる専門知識を持つ販売員が必要となる。 ③　商品のすべてが見えにくく，触れにくい。

　＜ショーケースの対象となる商品とは＞

　　1　顧客に説明を必要とする商品

　　2　趣味・嗜好性に富み，比較的単価の高い商品

　　3　比較的少量の手持ち在庫で販売する商品

　　4　清潔感を出したり，保存・整理などを重視する商品

ショーケースのタイプ

1　立体的で店頭や店内の要所に設置されているウインドタイプ

2　対面販売方式の販売カウンター兼用の最も一般的なカウンタータイプ

3　広い空間に独立して設置される島型のアイランドタイプ

ショーケース陳列を行う場合のチェックポイント

1　各段の商品のフェイスを顧客の視線の方に向ける

2　ケース内にディスプレイした商品のサンプルをケースの上に裸陳列する

3　ケース内の上，中，下段のディスプレイは，商品の動きに合わせて配分する

4　ケース内の商品は販売数量の多い時期と少ない時期では，ディスプレイを変える

5　商品にふさわしいディスプレイの補助器具を効果的に利用する

6　照明は，商品が見やすく，引き立つように位置，角度に工夫をこらす

(7)　エンド陳列

　ゴンドラのエンド（端の部分）に商品を大量に積み上げて，定番商品をディスプレイしているゴンドラの通路に顧客を誘引するための陳列です。

図表3－3－14　エンド陳列のメリット・デメリット

メリット	デメリット
①　大量陳列ができ，顧客から見てわかりやすい。 ②　価格の安さを訴求できる。 ③　新商品や売りたい商品をPRできる。 ④　季節感を出す場所としてふさわしい。	①　商品陳列数量が多いため，作業の手間がかかる。 ②　よく売れる場所であるために，商品が乱れやすい。

3 ストアオペレーション

<エンド陳列に適した商品の条件>

1　購買頻度の高い商品

2　買いだめして使用する商品

3　特売商品や季節商品

4　単価の安い商品

5　よく認知されている商品

6　店として売りたい商品

<エンド陳列のポイント>

1　高く積みすぎない

2　通路をふさがない

3　多くのアイテムをディスプレイしない

4　目立つPOP広告を必ず付ける

5　カラーコントロールに気をつける

⑻　ステージ陳列

　店内においてクローズアップ・ポイント（集視ポイント）をつくることをねらいとするため，売場にステージ（舞台）をつくる陳列です。

図表3－3－15　ステージ陳列のメリット・デメリット

メリット	デメリット
①　流行品，季節商品を強調できる。 ②　高級商品のイメージを形成できる。 ③　よく見えて，装着した感じを訴求できる。 ④　手で触れることができる。 ⑤　店全体のイメージアップが図れる。	①　汚れやすい。 ②　スペースコストが高くつく。 ③　陳列作業に時間と技術を要する。

<ステージ陳列の留意点>

1　顧客を店内誘導（回遊性）するために効果的な位置に設置する

2　季節（シーズン）を先取りするテーマを設定する

3　売れ筋や流行品，店のイメージを高める商品をコーディネート陳列する

4　商品を引き立てる脇役としてのディスプレイの補助器具や装飾などを活用する

5　POP広告やショーカードなどを添付し，価値観を主張する

6　定期的なディスプレイの変更・汚れ落としなどの作業を，販売員に義務づける

(9)　カットケース陳列

　商品の入っているダンボール箱を利用するため，食料品や飲料水，日常必需品などが対象となる陳列です。

図表3－3－16　カットケース陳列のメリット・デメリット

メリット	デメリット
①　ボリューム感が出せる。 ②　大量にディスプレイできる。 ③　安さを訴求できる。	①　ダンボールケースのカット作業に時間がかかる。 ②　空箱の整理が必要である。 ③　ディスカウンターとしてのイメージを与えてしまう。

＜カットケース陳列を行う上でのポイント＞

1　ダンボール箱をきれいにカットする

2　商品を見やすくするため前を低く，両サイドを斜めにカットする

3　空箱になったら速やかに取り除く

4　POP広告を必ずつける

5　商品のフェイスを前面にそろえてディスプレイする

2－2　販売方法の特徴によるディスプレイの基本的パターン

(1)　前進立体陳列

　商品のフェイス（顔の部分）を手前（顧客側）へきちんとそろえて，盛り上

がった感じにし，商品の迫力感を演出する方法です。手前から商品を並べるので前進，商品の上に積み上げるので立体といいます。

図表 3 － 3 －17　前進立体陳列のメリット・デメリット

メリット	デメリット
①　見やすい。 ②　触れやすい。 ③　選びやすい。 ④　迫力感が出る。	①　在庫量を見間違う恐れがある。 ②　商品を補充するときに引っ込んだ商品を元に戻さなければならない。 ③　作業コストがかかる。

＜前進立体陳列を行う際のポイント＞

1　前から見たとき，商品のはみ出しや空きの部分がないようにする

2　補充の際は，先入れ先出し陳列を徹底する

3　手前のスペースを空けないように前出しを徹底する

4　商品の形を利用して積み上げる

5　仕切り板を活用して分類を明確にする

⑵　先入れ先出し陳列

商品の鮮度を維持するために，先に入ってきた（古い）商品から売場に補充し，売場ですでに陳列してある商品を前方上方に移し，後方下方に新しい商品を補充するディスプレイの方法であるが，どちらかといえば，在庫管理や商品管理の面から求められる陳列です。

図表 3 － 3 －18　先入れ先出し陳列のメリット・デメリット

メリット	デメリット
①　商品の鮮度を維持できる。 ②　古い商品が売れ残らない。	①　補充する商品を売場の奥へ並べ，日付の古い商品を手前に引き出すという作業に手間がかかる。

(3)　ジャンブル陳列

カゴ，バケツなどに，商品をわざとバラバラにして投げ込んだような方法で，投込み陳列とも呼ばれます。

①　実 施 方 法

ジャンブル陳列の実施方法は，商品をカゴやバケツなどの容器に投げ込むとき，山盛りにして商品の顔がよく見えるようにします。商品が売れてカゴの上端付近までに商品量が減ってきたら，補充またはアンコ（ダミー）をさらに引き上げます。また，カゴやバケツをやや前方（顧客側）に傾けると，より見やすさを演出できます。

②　陳 列 場 所

ジャンブル陳列の有効的な場所は，副通路ではなく，小売店が主たる顧客導線（顧客を店内の隅から隅まで快適，かつ，効率的に回遊させるラインのこと）として想定している主通路や入口側を主体とします。

③　商品の入れ替え

ジャンブル陳列は，単発的な販売促進策に用いられるため，1週間〜10日間の周期で商品を入れ替えることが大切です。

図表 3 − 3 −19　ジャンブル陳列のメリット・デメリット

メリット	デメリット
①　ディスプレイに手間がかからない。 ②　親しみがあり，安さのイメージが出せる。 ③　手に取りやすいので，衝動買いを起こさせやすくなる。	①　商品が少ないと，売れ残りのイメージを与える。 ②　商品が押されて傷みやすい。 ③　品質イメージが低下する。 ④　商品がバラバラの状態では訴求力が弱くなる。

＜ジャンブル陳列に適切な商品＞

1　小型商品

2　商品価値が誰にもわかる商品

3　必要買いする商品

　＜ジャンブル陳列のポイント＞

　　1　1つのカゴなどには，1品目または1テーマの商品群に限定する

　　2　プライスカードを付ける

　　3　高価格商品を入れない

(4)　コーディネート陳列

　複数の異なる商品を組み合わせて全体を調和させる方法で，どのように使う
かという用途のアドバイスをねらいとしたディスプレイで，また，関連商品を
まとめて買ってもらい，購買単価を上げていくねらいも持った関連陳列といえ
ます。

図表3－3－20　コーディネート陳列のメリット・デメリット

メリット	デメリット
①　商品のイメージアップになる。 ②　売場にも変化をつけられる。 ③　関連商品の販売に結びつけられる。 ④　使用した感じがわかる。 ⑤　選びやすさが訴求できる。	①　大変手間がかかる。 ②　異なる商品を組み合わせるための感性や技術力が必要となる。 ③　異なる商品の組み合わせのため，使用・消耗の頻度が平均化できなくなり，価格帯もバラバラとなる。

　＜コーディネート陳列を行う際のポイント＞

　　1　対象となる商品のコーディネート（調和）をよく知る

　　2　コーディネートのねらいが，顧客にひと目でわかるようにディスプレ
　　　イする

　　3　1つだけの組合せパターンでなく，いくつかの組合せパターンを示す

　＜コーディネート陳列のテーマ＞

　　1　用途関連

　　2　客層関連

　　3　購買頻度関連

郵 便 は が き

1 6 1 - 8 7 8 0

東京都新宿区下落合2-5-13

㈱ 税務経理協会

社長室行

‖‖‖‖‖‖‖‖‖‖‖‖‖‖‖‖‖‖‖‖‖‖‖‖‖‖‖‖‖‖‖‖‖‖‖‖‖‖

お名前	フリガナ		性別	男 ・ 女
			年齢	歳

ご住所	□□□-□□□□	TEL （　　　）

E-mail	

ご職業	1. 会社経営者・役員　2. 会社員　3. 教員　4. 公務員 5. 自営業　6. 自由業　7. 学生　8. 主婦　9. 無職 10. 公認会計士　11. 税理士　12. 行政書士　13. 弁護士 14. 社労士　15. その他（　　　　　　　　　　　）

ご勤務先・学校名	

部署		役職	

ご記入の感想等は，匿名で書籍のPR等に使用させていただくことがございます。
使用許可をいただけない場合は，右の□内にレをご記入ください。　　　　□許可しない

ご購入ありがとうございました。ぜひ、ご意見・ご感想などをお聞かせください。また、正誤表やリコール情報等をお送りさせて頂く場合もございますので、E-mail アドレスとご購入書名をご記入ください。

この本の タイトル	

Q1　お買い上げ日　　　　　年　　　　月　　　　日

ご購入　1．書店・ネット書店で購入（書店名　　　　　　　　　　　）
方　法　2．当社から直接購入　　3．その他（　　　　　　　　　　）

Q2　本書のご購入になった動機はなんですか？（複数回答可）
　　　1．タイトルにひかれたから　　　　　2．内容にひかれたから
　　　3．店頭で目立っていたから　　　　　4．著者のファンだから
　　　5．新聞・雑誌で紹介されていたから（誌名　　　　　　　　　　）
　　　6．人から薦められたから　　　7．その他（　　　　　　　　　　）

Q3　本書をお読み頂いてのご意見・ご感想をお聞かせください。

Q4　ご興味のある分野をお聞かせください。
　　　1．税務　　　　　　　2．会計・経理　　　　　3．経営・マーケティング
　　　4．経済・金融　　　5．株式・資産運用　　　6．法律・法務
　　　7．情報・コンピュータ　　8．その他（　　　　　　　　　　　　）

Q5　カバーやデザイン、値段についてお聞かせください
　　　①タイトル　　　　　　1良い　　2目立つ　　3普通　　4悪い
　　　②カバーデザイン　　　1良い　　2目立つ　　3普通　　4悪い
　　　③本文レイアウト　　　1良い　　2目立つ　　3普通　　4悪い
　　　④値段　　　　　　　　1安い　　2普通　　　3高い

Q6　今後、どのようなテーマ・内容の本をお読みになりたいですか？

(5)　オープン陳列

　裸陳列ともいわれ，顧客が自由に触れられるようにする方法で，セルフセレクション方式が高まっているため，多くの小売業で実施されている陳列です。

図表3－3－21　オープン陳列のメリット・デメリット

メリット	デメリット
①　顧客が商品を自由に触れられ，直接確認できる。 ②　商品を説明する手間が省ける。 ③　顧客が本当に必要とする商品がわかる。	①　顧客が商品を自由に触れるために，ディスプレイが乱れたり，商品が汚れたりする。 ②　ほこりがたまったり，照明で色があせたりする。 ③　商品のメンテナンスに手間がかかる。

(6)　サンプル陳列

　見本品をディスプレイする陳列です。

　＜見本品をディスプレイする目的＞

　　1　ディスプレイ作業の手間を省く

　　2　使ったときの様子を示す

　　3　顧客の関心を集める

　　4　商品の組合せを見せる

　　5　商品ロスを防ぐ

　＜サンプル陳列の2つの方法＞

　　1　売場には見本だけを置き，在庫は別の場所に置く方法

　　2　売場にも在庫を置き，その上に見本品を展示する方法

図表 3 － 3 －22　サンプル陳列のメリット・デメリット

メリット	デメリット
①　商品を手に取って見ることが容易であるために，使ったときの価値がわかりやすい。 ②　商品と商品の組合わせがわかる。 ③　ひと目で多くの種類の商品を比較できる。 ④　顧客の注目を集めることができる。 ⑤　ディスプレイのコストを下げることができる。 ⑥　陳列場所を広くとらないですむ。 ⑦　無人販売しやすい。	①　量感が出せない。 ②　在庫スペースを別に設けなければならない。 ③　専門的な説明を必要とする場合がある。

⑺　レジ前陳列

　セルフサービス販売方式を採用している店舗の集中レジの前で，買物の最後にもう 1 品，ついで買いや衝動買いの促進機能を果たす陳列です。

図表 3 － 3 －23　レジ前陳列のメリット・デメリット

メリット	デメリット
①　レジを通過する多くの顧客の目につく。 ②　商品に触れやすい。 ③　ついで買いを誘発させる。	①　レジ前が混雑する。 ②　ゆっくりと商品を選べない。

　＜レジ前陳列を効果的に行うための留意点＞

　　1　レジスターよりも商品を高く積み上げない

　　2　レジへの通路面に商品をはみ出させない

　　3　こまめに手入れと商品の補充を行う

＜コンビニエンス・アイテム＞

　日常的に消費するちょっとした商品をさします。チョコレートなどの菓子類やタバコ，買い忘れしそうな商品や，買っておこうかと思わせるような商品が陳列されることが多く，顧客に対するサービスと同時に，販売金額の増加のために陳列される商品です。

⑻　島（アイランド）陳列

　店内主通路の中央に平台やカゴなどの什器を使って小さな陳列部分をつくり，回遊する顧客の注目を引く陳列です。

図表3－3－24　島（アイランド）陳列のメリット・デメリット

メリット	デメリット
①　取りやすく，衝動買いを起こさせる。 ②　安いイメージが出せる。 ③　多くの顧客の目につく。	①　品質面でよいイメージを与えることができなくなる。 ②　通路を狭くして，買物のじゃまになる。 ③　積上げや投込み方式が多く，商品が乱雑となる。

＜島陳列を行う際の留意点＞

1　広い主通路だけに限定する

2　数多くの島陳列をつくらない

3　同一商品を長期間ディスプレイしない

4　曲がり角やエンドの前にディスプレイしない

5　POP広告やプライスカードは必ず付ける

⑼ 壁面陳列

壁面を利用してディスプレイする最もポピュラーな陳列です。

図表 3 − 3 −25　壁面陳列のメリット・デメリット

メリット	デメリット
①　床から天井まで自由なディスプレイ，装飾，収納が可能となり，迫力が出せる。 ②　幅広い立体的なディスプレイによって，商品の豊富感が強調できる。 ③　特定の品目を集中させることで壁面をビルボード（看板）の写真のように表現でき，売場の印象効果を高めることができる。	①　天井近くの商品は，手に取って確かめたりすることができない。 ②　ディスプレイに時間がかかる。

＜壁面陳列を行う際の留意点＞

1　顧客の回遊性を重視した壁面陳列とする

2　正面部分は，顧客の足を引き止める魅力を醸し出す

3　ディスプレイは，画一的で単調にならないようにする

4　陳列の要所に見出し的なポイント陳列を考える

5　有効陳列範囲の部分に，売りたい商品や売れる商品を集中させる

■3 ファッション衣料品業界のディスプレイ技術

3−1　ファッション衣料品のディスプレイの基本

ファッション衣料品のディスプレイの基本的なテクニックとしては，「空間コーディネート」と「カラーコーディネート」の2つが重要です。

(1)　空間コーディネートの基本

＜空間コーディネートの 6 種類のパターン＞

①　三 角 構 成

　商品，マネキンのボディ，プロップなどの配置や空間構成を行う際の基本となる構成であり，ディスプレイ・スペースの全体を対象として，立体的三角形を意図した枠にまとめる方法です。正三角形や二等辺三角形，不等辺三角形など商品の形状に合わせてまとめることで変化がつけられます。

②　リピート構成

　同一品目内の色違いやサイズ違いのバリエーション，同一カラー内のデザインや価格面でのバリエーションなど，同じ陳列展開を繰り返して，品ぞろえ全体をひと目でわかりやすく主張するのに適した構成です。ボリューム感とリズム感があるので，遠方からの商品の認知性が良好というメリットがあります。

③　対称構成（シンメトリー構成）

　左右対称にディスプレイする構成パターンで，落ち着いた感じを演出できるため，フォーマルな商品などに適しています。

④　非対称構成（アシンメトリー構成）

　意図的に左右のバランスを崩して非対称とすることで，躍動感や斬新性を演出します。

⑤　集 中 構 成

　商品を 1 カ所に集中する構成のため，視線が集中するので商品の特徴や質感などを訴求する場合に適しています。

⑥　拡 散 構 成

　ウインド（陳列フレーム）からはみ出るように配置した構成のため，スケールや広がりを感じさせ，商品やブランドの世界観の表現に適しています。

⑵ カラーコーディネートの基本

＜カラーコーディネートして売場を演出する 5 つのポイント＞

① 遠くから目立つこと

目立つディスプレイを表現する場合は，「誘目性の高い色（赤・橙・黄などの暖色系のよく目立つ色のこと）」を使うとよいです。

② テーマカラーで統一すること

色にはイメージがあるので，商品の色合いを絞り込んでテーマカラーを統一しディスプレイすると，打ち出したいイメージを鮮明にすることができます。

③ 色調を統一すること

色の明るさ（明度）と鮮やかさ（彩度）の組合せによって演出される色調（トーン）を統一すると，まとまり感のあるディスプレイになります。

④ アクセントカラーを使うこと

色づかいの地味目な商品の場合は，1 色だけアクセントカラーを使用するとメリハリ感が演出できます。

⑤ カラーライゼーションのルール

カラーライゼーションのルールとは，色数の多い商品の場合，ディスプレイする順番に規則性（ディスプレイ順の基本は，虹色，明るい色から暗い色，薄い色から濃い色など）をもたせると自然で落ち着きのある演出ができることです。

3－2 カラーコーディネート関連用語

＜カラーコーディネート関連の用語＞

① ビジュアルマーチャンダイジング

売場において重点商品をどう主張するかという視覚効果や，どのように購入してもらうかという提案方法を具体化した視覚面での品ぞろえ政策を意味します。

②　カラーコントロール

　ディスプレイする商品の様々な色を，一定の基準で分類整理して，店舗固有のトータルイメージを醸し出すディスプレイ技術であり，顧客の目を店舗の入口から店内奥へと導く視線誘導効果を引き出すことができます。

③　アクセントカラー

　売場やディスプレイの中に注目ポイントをつくるため，ある商品を対象に強調色を打ち出すことを意味し，売場やディスプレイ全体を引き立てます。

④　グラデーション

　規則正しく徐々に色を変えていくことを意味し，虹は色相のグラデーションを代表するシンボルです。グラデーションの持つリズム感や規則性が購買行動に心地よさを与えます。

⑤　セパレーション

　商品を分離させることを意味します。隣接する商品同士を分離させてメリハリをつけたり，コントラストが強すぎるときには，商品の間に無彩色（白，灰，黒）などを挟み込み印象度を和らげる，配色の方法です。

3－3　ディスプレイ・パターン関連用語

＜ディスプレイ・パターン関連の用語＞

①　ハンギング（ウォーターフォール）

　商品をハンガーに掛けて見せるディスプレイ・パターンのこと。

②　フォールデッド

　商品を畳んで見せるディスプレイ・パターンのこと。

③　フェースアウト

　ハンギングの陳列のうち，商品の正面を見せるディスプレイ・パターンのこと。

④　スリーブアウト

　ハンギングの陳列のうち，商品の袖（サイド）を見せるディスプレイ・パターンのこと。

3－4 什器備品

＜ファッション衣料品における什器備品関連の用語＞

① プロップ

ステージやショーウインドウなどのディスプレイで使用する演出小道具のこと。

② リアルマネキン

人体を忠実に再現したマネキンのこと。

③ アブストラクトマネキン

頭，手，肩などの身体の一部をデフォルメ（変形・歪曲）したマネキンや，顔のつくりが抽象的な個性の強いマネキンのこと。

④ スカルプチュアマネキン

頭がない，ヘアと肌が１色などのように，マネキンの頭部を彫刻的に製作したマネキンのこと。

⑤ トルソー

布張りや合成樹脂などでつくられた上半身のボディのこと。

⑤ ライザー

卓上トルソー，レリーフ型ボディ，帽子のスタンドなどの陳列補助器具のこと。

3－5 ショーウインドウ陳列の技術

(1) ショーウインドウ陳列の基本

ショーウインドウは，「店舗の飾り窓」といわれ，小売店の入口部分に設けるため，通行客の注意を引き，興味を持たせるような総合的演出（トータルディスプレイ）を行い，消費者を店内に誘い込む演出と誘導性を心がけることが大切な陳列です。メリットとしては，見せることに優れており集客の向上が可能です。デメリットとしては，顧客にとってまったく手に触れることができない状態です。

(2) ショーウインドウ陳列の留意点

1 店頭の通行人の目をひきつけ，足を止めさせる集視ポイントをつくる。

2 メインターゲット（主要顧客層）に対して，興味や関心を引く陳列のテーマを表現する。

3 季節感や話題性などをタイムリーに打ち出す。

4 陳列のテーマによっては，量感やムードを十分に表現する工夫をし，陳列補助器具を活用する。

5 ショーウインドウの前で足を止めた顧客を店内に気兼ねなく誘導できる導線計画を策定する。

＜導線計画＞

導線とは，人や物などの店内の移動経路を意味します。大きく「顧客導線」と「従業員導線」分けられ，「顧客導線は長く＆従業員導線は短く」が原則となります。

顧客導線が長いということは，店内をくまなく回遊することになり，店舗内滞在時間が長くなります。そのため，商品に触れる機会が増え，購買機会の増加・客単価の上昇が期待できるわけです。一方，従業員導線が短いということは，商品補充などの作業のための移動経路が短いということであり，作業効率向上につながります。

<③　ストアオペレーション>

本試験形式問題

第1問　次のア～オは，ストアオペレーション・サイクル全般について述べ
　　　　ている。正しいものには1を，誤っているものには2を，解答欄に記
　　　　入しなさい。

ア　クリンリネスの3Sとは，整理・整頓・清掃の基本的作業のことである。

イ　バックヤードとは，荷受・検品場所，商品を保管する倉庫，事務所など，
　顧客が立ち入らない店舗の後方施設のことである。

ウ　検収とは，サプライヤーから配送された商品を受け取ることである。

エ　商品補充作業の先入れ先出し陳列とは，後から入庫した商品から必ず先に
　取り出して陳列することである。

オ　ミーティングの際のリーダーが心得ておくべきことは，リーダー自身がメ
　ンバーの発言に賛成できない場合，受け入れずに意見をまとめることである。

解答欄	ア	イ	ウ	エ	オ

第2問　次の文章は，チェックアウト業務について述べている。文中の〔　〕
　　　　の部分に，下記に示すア～オのそれぞれの語群から最も適当なものを
　　　　選んで，解答欄に記入しなさい。

　〔ア〕販売方式を主体とする小売店の〔イ〕部門は，顧客が買物の最後に立
ち寄る場所である。そこは，従業員と顧客が唯一〔ウ〕できる場所でもある。

3 ストアオペレーション

イのチェッカーによる〔エ〕の度合いによって顧客の店舗に対する印象が左右され，〔オ〕や売上高に少なからず影響を及ぼす。店舗では，マナーやルールを遵守するためにもマニュアルを整備し，社内の教育体制を強化する必要がある。

【語　群】

ア〔1．セルフサービス　　2．対面　　3．現金　　4．キャッシュレス〕

イ〔1．販売　　2．サービス　　3．レジ　　4．店舗開発〕

ウ〔1．コミュニケーション　　2．対応　　3．話し合い　　4．共感〕

エ〔1．笑顔　　2．声掛け　　3．接客　　4．説明〕

オ〔1．仕入　　2．陳列　　3．業態　　4．来店頻度〕

解答欄	ア	イ	ウ	エ	オ

第3問　次の文章は，包装の目的について述べている。文中の〔　　〕の部分に，下記に示すア〜オのそれぞれの語群から最も適当なものを選んで，解答欄に記入しなさい。

　包装の目的には，商品の〔ア〕や取扱いの〔イ〕，販売単位の形成，〔ウ〕，情報伝達の手段などがある。なかでも，デザイン以上に顧客の〔エ〕に対応し商品を差別化する手段として利用され，〔オ〕ごとや地域ごとに包装を変えることで，有効な**ウ**を行うこともできる。

【語　群】

ア〔1．価格提示　　2．保護　　3．紹介　　4．機能〕

イ〔1．説明　　2．簡素化　　3．中立性　　4．利便性〕

ウ〔1．販売促進　　2．営業　　3．コミュニケーション　　4．節約〕

エ〔1．年代　　2．職業　　3．TPO　　4．性別〕

オ〔1．顧客　　2．季節　　3．材質　　4．サイズ〕

解答欄	ア	イ	ウ	エ	オ

第4問　次のア〜オは，和式進物包装について述べている。正しいものには1を，誤っているものには2を，解答欄に記入しなさい。

ア　蝶結びとは，花結びともいい，何度繰り返してもよいときに使う。

イ　結び切りとは，二度と繰り返したくないときに使う。

ウ　合わせ包みとは，キャラメル包みともいい，パーソナルギフトなどに使う。

エ　結婚祝いの水引きとは，紅白・金銀の蝶結びを使う。

オ　長寿祝いの水引きとは，金銀・紅白の結び切りを使う。

解答欄	ア	イ	ウ	エ	オ

3 ストアオペレーション

第5問 次の文章は，ディスプレイの原則について述べている。文中の〔　〕の部分に，下記に示すア～オのそれぞれの語群から最も適当なものを選んで，解答欄に記入しなさい。

　商品の販売は，来店客が実際に商品を見て，その〔ア〕を認め，購買決定することで成立する。しかし，今日のように〔イ〕間の競争が激化し，また，顧客の購買欲求が〔ウ〕した時代では，ただ単に商品を並べるだけでは〔エ〕の重要性は希薄化してしまう。そのため小売業は，顧客ニーズに対応した**イ**を確立して，商品価値を強く訴求する〔オ〕を演出することが重要である。

【語　群】

ア〔1．価格　　2．サービス　　3．価値　　4．ブランド〕

イ〔1．業態　　2．業種　　3．メーカー　　4．卸売業〕

ウ〔1．同一化　　2．多様化　　3．単純化　　4．標準化〕

エ〔1．価格　　2．バーゲンセール　　3．補充　　4．ディスプレイ〕

オ〔1．空間　　2．ＰＯＰ広告　　3．キャッチコピー　　4．照明〕

解答欄	ア	イ	ウ	エ	オ

第6問 次のア～オは，ディスプレイ全般について述べている。正しいものには1を，誤っているものには2を，解答欄に記入しなさい。

ア　ディスプレイの評価基準のうち触れやすいディスプレイのためには，性別・素材別・ライフスタイル別などの大分類で商品をグループ化することである。

イ　ディスプレイの評価基準の豊富感を高めるには，品種の中で品目の数を多

くすることだけがそれを実現する方法である。

ウ　ゴンドラ陳列においてゴールデンラインとは，床上85cm～125cmの範囲である。

エ　ディスプレイの基本的パターンは，陳列器具の形状によるものと，販売方法の特徴によるものの二つに大別できる。

オ　平台陳列は，陳列器具の形状によるディスプレイの基本的パターンである。

解答欄	ア	イ	ウ	エ	オ

第7問　次のア～オは，ディスプレイの基本パターンのデメリットについて述べている。正しいものには1を，誤っているものには2を，解答欄に記入しなさい。

ア　ハンガー陳列では，商品を高く積みすぎると，崩れやすい。

イ　フック陳列では，サイズなどの分類の間違いを発見しにくい。

ウ　ボックス陳列では，整理に時間がかかる。

エ　ステージ陳列では，スペースコストが高くつく。

オ　島陳列では，通路を狭くして，買物のじゃまになる。

解答欄	ア	イ	ウ	エ	オ

〔解答・解説〕

第1問

【1－1－2－2－2】

　ウは，荷受のこと。エは，先に入庫した古い商品から先にディスプレイする。オは，リーダーは，中立のスタンスを心がけ，安易に結論を出すことは避ける。

第2問

【1－3－1－3－4】

　レジ部門が店舗で果たす役割の重要性を説明しており，正確，迅速，丁寧が求められる。顧客からの苦情が多い部門だけに，日頃の教育が大切である。

第3問

【2－4－1－3－2】

　包装の目的は5つある。そのなかでも販売促進としての包装は，商品を差別化する手段の1つとして重要である。

第4問

【1－1－1－2－2】

　エは，結婚祝いの水引きとは，紅白・金銀の結び切りを使う。オは，長寿祝いの水引きとは，金銀・紅白の蝶結びを使う。

第5問

【3－1－2－4－1】

　商品の販売は，来店した顧客が購買決定することにより成立するので，そのためにはディスプレイが重要な役割を持つことと，その原則を理解すること。

第6問

【2−2−1−1−1】

　アは，ディスプレイ基準の「選びやすいか」に関する記述である。イは，商品の豊富感を高めるには，品種の数が多いこと，品種と品目の両方が多いことの方法もある。

第7問

【2−2−1−1−1】

　アは，商品を高く積みすぎると，崩れやすいのは平台陳列である。イは，サイズなどの分類の間違いを発見しにくいのは，ハンガー陳列である。

4

マーケティング

第1章

小売業のマーケティングの基本

1 小売業のマーケティングの基本知識

1-1 マーケティングとは何か

(1) 需要を創り出す店頭活性化活動

　マーケティングとは，対象となる市場において企業が自己の優位性を得ようとするための販売に関する諸活動の革新ともいえます。

　小売業においては，マーチャンダイジング（商品化政策）とストアオペレーション（店舗運営）が主体となります。ミクロの視点から自店の商圏を刺激し，小売店頭を活用して新たな購買需要を創造するマイクロ・マーケティングを展開することが求められています。

1-2 メーカーと小売業のマーケティングの違い

　消費財メーカーのマーケティングは，マクロ・マーケティングです。メーカーはマスとしての大衆に対して，自社のブランドシェアの拡大を目指します。

　一方，小売業は，限定した商圏に立地する自店の店頭で，一人ひとりの顧客へ商品を少量ずつ販売するマイクロレベルのマーケティングです。小売業はパーソナルとしての個人に対して，顧客シェアの拡大を目指します。

図表4－1－1　小売業マーケティングの特徴

タイプ	マイクロ・マーケティング，パーソナル・マーケティング
展開範囲	狭域エリア，ローカルエリア
標　　的	自己の商圏，特定多数の顧客
ねらい	顧客シェアの拡大，来店率と購買率
手　　法	多品種少量販売
コスト	低コスト（チラシ広告中心）

1－3　小売業のマーケティングとは何か

(1)　プロダクト（商品化政策）

　小売業は，自店の業態特性や商圏内顧客のニーズやライフスタイルに合わせて，適切なカテゴリー（品種）の売場構成を実現する商品化政策が重要です。

(2)　プロモーション（店頭基準の狭域型購買促進政策）

　小売業は，店頭を活用したイベントやキャンペーンなどを実施して，地域の購買需要を刺激し，顧客の継続的な来店と固定客化を促しています。

(3)　プライス（地域公正価格）

　小売業は，仕入れた商品の値入に基づく適正な売価設定を行います。自店の業態や商圏の特性，競争店舗の状況を検討し，店舗ごとに公正な売価を設定します。

(4)　プレイス（立地戦略）

　小売業は，商圏内の特定多数の顧客に対しての立地の選択が重要となります。出店する地域に対して，事前に商圏や競争店などのマーケティングリサーチを行います。

図表4－1－2　小売業の4P

プロダクト （Product）	マーチャンダイジング，商品化政策
プロモーション （Promotion）	リージョナルプロモーション，店頭基準の狭域型購買促進策
プライス（Price）	エブリディ・フェア・プライス，地域公正価格
プレイス（Place）	ストアアロケーション，立地戦略

2 4P理論の小売業への適用

2－1　プレイス＝ストアアロケーション（立地・業態開発）

　小売業のマーケティング展開においては，商品を売る相手は通常，商圏内の特定少数の顧客に限定されます。小売業のプレイスとは，商圏（立地）の選定および業態開発による出店が基本となります。

2－2　プロダクト＝マーチャンダイジング（商品化政策）

　小売業は，各メーカーが開発したさまざまな製品を，自社の業態特性や商圏内顧客のニーズやライフスタイルに適合させ，どのようなカテゴリー（品種）の売場構成にすべきか，というマーチャンダイジング（商品化政策）の策定がマーケティング戦略の課題となります。

2－3　プライス＝エブリディフェアプライス
（地域基準の公正価格）

　小売業の価格政策は，仕入れた商品の値入にもとづく地域基準の公正価格を基本としています。自己の業態や商圏の特性，経済状況，そして競争店の売価設定状況などを考慮に入れ，地域（店舗）ごとに偽りのない公正な売価を設定します。

2－4　プロモーション＝リージョナルプロモーション
（店頭起点の狭域型購買促進）

　小売業のプロモーションは，店舗を活用した地域に因んだイベントや新商品のキャンペーン，クーポン券の発行などの活動を中心として，地域の購買需要を刺激することによって顧客の継続的来店（固定客化）を促し，1店舗当たりの売上と利益の増加をはかることを目標とします。小売業は，リージョナルプロモーション（各種の店舗活動を媒体とする狭域的商圏）の展開となります。

第2章

顧客満足経営の基本

1 顧客満足経営の基本知識

1-1 顧客志向とは

　顧客志向の経営とは，小売業と顧客との双方向的な関係づくりを基本として，販売促進活動やサービス活動を行い，顧客満足度の向上を目指すことです。

1-2 顧客満足とは

　顧客満足とは，小売業の経営のすべてを顧客中心に展開し，顧客の要望することを重視して満足を提供することです。

　顧客満足度の向上による小売業のメリットは，継続的に来店する顧客を増やし，小売店の評判を高めてくれる顧客を育成することができます。

1-3 顧客満足経営の基本

　顧客満足経営とは，小売業が自店にとって重要な顧客一人ひとりの満足度を高めることを企業理念として，経営を行うことです。

　サービスやホスピタリティ（もてなし）精神を発揮し，商品を繰り返し購入してもらうしくみづくりを行うことが大切です。

＜CS／ES／CD＞

◇CS：Customer Satisfaction の略で，「顧客満足」と訳されます。近年の経営手法は，とにかく売りまくって収益を上げるというスタイルから，ひとりの顧客を大事に扱い，何度も繰り返し来店してもらえる固定客を確保していこうというスタイルになってきています。これに関係して「生涯顧客」という考え方も広がってきています。例えばある人が，最初にＴ自動車を購入し，２台目はＮ自動車，３台目は外国産の車，４台目はＴ社というように，一生涯で４台の自動車を乗り換えたとします。この時，Ｔ社にしてみると「やはり最後はわが社に戻ってきてくれた」というレベルに甘んじるのではなく，２台目も３台目もＴ自動車を買ってもらった方が良かったことになります。売上は２倍になったはずです。つまり，顧客の生涯の購入すべてを我が社から購入してもらうような取組みが，「生涯顧客」の考え方となります。生涯顧客の実現には，毎回の購入時に顧客が喜ぶ「顧客満足」がないと不可能となります。

◇ES：Employee Satisfaction の略で，「従業員満足」と訳されます。従業員がそこで働くことに満足を感じることこそが，業績向上に欠かせない要素であるという考え方です。これは，CS を提供する側の人間（従業員側）が日々満足を感じていない状況で，顧客に対して本当の満足を与えることはできないだろうという考えです。もっともな話なのですが，扱いは難しく，企業経営側の努力だけでは ES は高まりません。従業員側と企業側の双方に，経営発展のためにしっかりと協力し合うような姿勢がないと ES の実現は難しいとされています。

◇CD：Customer Delight の略で，「顧客感動」と訳されます。CS の一歩先をいく考え方で，商品やサービスの提供により，顧客に歓喜や感動を与えようとする取組みです。具体的な事例は少ないのですが，将来的には一般的に捉えられるようになるかもしれません。ただし，ケースバイケースでの対応が求められ，かつデリケートな問題を含む場合も多く，

> マニュアル化は困難でしょう。

1－4　顧客満足経営の新原則

(1)　ホスピタリティ

　小売業には，顧客のことを第一に考え，顧客に「もてなしの精神」を発揮することが求められています。

(2)　エンターテインメント

　娯楽を意味し，従業員が顧客の願いを実現してあげたいと考えて行動したことが，顧客に感動を与えることを意味します。

(3)　プリヴァレッジ

　特別待遇を意味し，これはすべての顧客に同じ特権を与えるのではなく，購入金額の多い顧客などに対して，特権を与えるという考え方です。

図表4－2－1　顧客満足の新3原則

①	ホスピタリティ	もてなしの精神で接客サービスを行う
②	エンターテインメント	感動を与え，心の絆をつくる
③	プリヴァレッジ	顧客を特別な存在として扱う

　＜顧客満足提供業としての満足保障付きサービス＞

・無期限での返品，交換サービス

・あらゆる売場まで案内し，トータルコーディネートするサービス

・顧客の生活習慣に合わせた提案サービス　など

2　顧客維持政策の基本知識

2−1　顧客維持政策の必要性

　小売業は，顧客維持活動を強化し，顧客中心主義に力点をおいた経営を行う必要があります。

　小売業に求められているのは，既存の店舗に継続して来店してくれる「生涯の優良顧客」をつくることです。

2−2　顧客維持政策の背景

　小売業は，競争が激化する中で，より一層他店と地域で棲み分けることが重要になってきており，ここで重要なのが，顧客一人ひとりのニーズをつかむための顧客管理です。

　今日的な顧客維持政策として，フリークエント・ショッパーズ・プログラム（FSP）は，POSと顧客データベースなどのシステム化をより一層高度化させたもので，顧客の囲い込みを目指すものです。

2−3　顧客維持政策のねらい

　顧客維持政策とは，一般の来店客を一定の基準で識別し，組織化することです。買上金額などで各階層ごとに分類した顧客に魅力ある特典を提供して，多頻度で継続的に来店させ，売りたい商品を推奨し，顧客の買上単価を増加させるための手法です。

　顧客情報をデータベース化して，基本的属性や購買実績，嗜好などを分析し，「顧客データベース」を基に小売業の実施するキャンペーンやイベント，各種情報などをダイレクトメールなどを使って案内し顧客に来店を促すことが重要です。

3 フリークエント・ショッパーズ・プログラムの基本知識

3－1 FSPとは

　FSPとは，多頻度で買物をする顧客を優遇し，つなぎ止めるための顧客戦略プログラムです。顧客の購入金額や来店頻度に応じて特典やサービスを変え，顧客を意識的に差をつけることで顧客を維持するのがねらいです。

　今日の小売業は，既存顧客を何らかの方法で組織化し識別し，優良顧客ほど優遇して，生涯顧客として維持していくことが重要です。

3－2 FSPの考え方

　FSPの考え方は，長期的な視点で顧客との良好な関係をつくり，顧客の忠誠度を高めることにあります。継続的な来店を促すしくみといえます。

　FSPは，顧客データベースを活用して，顧客一人ひとりとのコミュニケーションによって，顧客のニーズを的確に把握することが基本です。顧客一人ひとりに差をつけるシステムです。

3－3 FSPの必要性

　小売業の経営を安定させるためには，顧客をつなぎ止める基盤づくりが重要であり，顧客の維持が最も重要な戦略です。そのため，自店に多頻度で来店してくれる顧客を分析することが必要となります。

　FSPの展開において，顧客データを分析する手法として「2：8の法則」があります。これは，「上位2割の多頻度の来店顧客で，店舗全体の8割の利益をもたらす」というものです。小売業は，この上位2割の顧客を徹底的に分析し，どのような特典を提供すれば効果的なのかを検討することが大切です。

3 - 4　FSP のねらい

　FSP のねらいは，顧客を維持し，固定客化することです。これからの小売業は，顧客の購買特性を理解するために，カードなどを発行し活用して，顧客を識別して顧客管理し，顧客の変化に対応する必要があります。

　小売業は，一人ひとりの「個客」を知り，よく購入してくれる顧客に多頻度の来店を促し，買上金額を高めて，継続して商品を購入してもらうための顧客一人ひとりに合わせたパーソナル・マーケティング活動が不可欠となります。

第3章

商圏の設定と出店の基本

1 商圏の基本知識

1－1 商圏とは

⑴ 商圏の意味

　商圏とは，小売店舗や商業集積において，顧客吸引力の及ぶ地理的・時間的な面の広がりのことです。

　商圏の広がりは，地域に居住する人々の生活行動，小売店の業態や売場面積，駐車場規模，店舗周辺の道路事情や競争店の状況など，各種要因が複雑に絡み合って形成されます。

＜商　　圏＞

　商圏をどう設定するかは，新規出店をする時や売上高予測を立てる時に重要な検討事項となります。単に，自店の立地場所から半径〇メートルの円を書けば良いというものではありません。河川があり橋でしか来店できないような地域は，いくら一次商圏に入る場所でも大きな期待はできません。線路の踏切や幹線道路の歩道橋などがある場合も同じような影響を受けますので注意が必要です。

---

(2)　商圏の種類

①　小売店の単独商圏

　1店舗当たりの商圏とは，自店への顧客の来店範囲，つまり自店の来店客の居住範囲，または職域を指します。

②　商業集積の商圏

　商業集積の集客力の及ぶ範囲は，その規模や核となる大型店などの魅力に影響されます。

③　都市の商圏

　都市の商圏とは，周辺都市からの吸引力の及ぶ範囲です。人口，商店数，産業構造で大きく左右されます。

　都市の商圏設定には，都道府県やその関連機関が実施する広域商圏調査や経済産業省の商業統計調査などが使われています。

(3)　商圏の区分

　商圏は，人口に対する来店（来街）者の比率やその来店（来街）頻度により，区分されます。ただし，商圏の設定基準は，業態や店舗規模によって異なります。

　たとえば，スーパーマーケットでは，自動車での時間的目安で，以下の通りになります。

①　第1次商圏……5分以内

②　第2次商圏……10分以内

③　第3次商圏……15分以内

(4)　商圏範囲の測定と設定

　商圏範囲の測定と設定には，次の方法があります。

①　来店者や来街者などに対するアンケート調査

②　カード会員の利用実績

③　詳細な地図による測定

④　主要道路の所要時間や道路事情からの推定

⑤　統計モデルによる測定（ハフモデル，ライリーの法則など）

＜ライリーの法則，ハフモデル＞

◇**ライリーの法則**：ＡとＢという２つの都市において，その中間の都市から吸引する小売販売額の割合は，「２都市の人口の比に正比例し，２都市から中間都市までの距離の二乗に反比例する」という，ライリー（W. J. Reilly）が導き出した経験則です。

　例えば，「Ａ市の人口＝20万人，Ｂ市の人口＝10万人，Ａ市からＴ町まで20km，Ｂ市からＴ町まで10km」の場合を考えてみます。

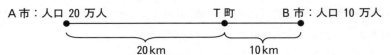

まず，人口に正比例することから，Ｔ町の購買力が両都市に吸引される購買力は，「Ａが20万人」対「Ｂが10万人」で，「Ａ：Ｂ＝２：１」となります。・・・α

　次に，距離の二乗に反比例するので，「Ａが$\dfrac{1}{(20km)^2}$」対「Ｂが$\dfrac{1}{(10km)^2}$」で，「Ａ：Ｂ＝1/4：1」となります。・・・β

　αとβを掛け合わせ，Ａ：Ｂ＝「2×1/4：1×1」＝「1/2：1」となり，Ｂ市の方が，Ａ市の２倍の小売販売額を吸引できるということが明らかになります。

　なお，コンバースは，このライリーの法則を活用して，ひとつの都市からの商圏分岐点までの距離を算出する公式を導き出しました（コンバースの法則）。

◇**ハフモデル**：ハフ（D. L. Huff）による，ある地点の消費者が特定の商業地へ行く確率を求める理論です。考え方の基本はライリーの法則と似ており，「ある地点の消費者がその店舗で買い物をする確率は，売場面積に比例し，店舗までの距離に反比例する」というものです。なお，日本の商業の実情に合わせたものを「修正ハフモデル」と呼んでおり，大

型店出店調査の指標として用いられています。

〔参考文献〕

「中小企業診断士講座（店舗施設管理）」日本ビジネスカレッジ発行

1－2　商圏の特性

(1)　地域の歴史と風土

　気候・地理，歴史に育まれた，その土地ならではの独特の気質や風習があります。都市のような広域商圏では，地域の生活慣習の違いや特有の自然条件，長い歴史に育まれた文化があります。

(2)　人口構造

　小売店の客層は，人口，世帯数とその推移，年齢別構成，職業別人口などによって変化します。また，昼夜間人口の比率，自然増減，社会増減，幼年人口，老年人口などの要因もあります。

> **＜人口構造の年齢3区分＞**
>
> 　国勢調査等の統計調査においては，総人口を年齢によって3つに区分しています。0歳から14歳までを幼年人口，15歳から64歳までを生産年齢人口，65歳以上を老年人口として区分けしています。

(3)　産業構造

　産業構造の違いは，地域経済に影響を及ぼし，また年齢構成や職業別人口などの地域間格差を生みます。

2 立地条件の基本知識

2−1 立地のとらえ方と小売店経営

⑴ 採算性，店舗規模に見合った立地特性

　小売業は，出店地を基準として限定された範囲を商圏として店舗経営を行っています。店舗規模に見合った来店客数が見込める場所に立地することが重要です。

⑵ 企業理念，経営戦略と合致する立地特性

　① 企業のビジョンや理念に適合した立地戦略であること

　② 経営戦略で定めた重点エリア，重点顧客に合致した地域に立地すること

⑶ ストアコンセプトの確立に適合する立地特性

　市場環境を的確に把握し，店舗イメージを明確にし，ストアコンセプトを確立することが必要です。

2−2 立地の決定要因

⑴ 立地の決定要因

　① 集　客　力

　　小売店は店舗を設置し，顧客を集客することで経営が成り立つため，商圏の設定が重要となります。

　② 通　行　量

　　一般的には，通行量が多いほど，経営に好影響を与えます。

　③ 環　　　境

　　地域の特性や居住者のライフスタイル，商圏内の人口動態，交通事情などの環境要因を把握することが重要です。

　④ 出店コスト

　　出店コストが経営上の採算が得られる範囲にとどまるかどうかを検討しま

す。

⑤　歴　　史

　　出店する地域が持っている歴史や定着しているイメージを，事前に把握します。

(2)　立地条件の変化

　最近では，商圏内の人口流動化が激しく，将来の変化を予想することができない状況にあります。

　そのため，立地条件の変化に迅速に対応し，撤退や移転など，臨機応変な適応が求められます。

2－3　立地選定の手順

(1)　マクロレベルの分析

①　土地柄の分析

　　自然条件や歴史に育まれた文化や生活慣習が形成されているため，その土地柄と自店のイメージや店舗形態との適合を検討します。

②　都市の盛衰度

　　店舗が立地する都市への周辺都市からの人口の流入・流出は，店舗の業績に影響を及ぼします。市町村単位での盛衰度の分析が必要です。

③　都市の産業構造・経済力

　　地域や都市の市場規模，潜在需要の把握や推定を基に，商売の可能性を探ります。具体的には，人口，世帯数とその増減，昼間人口と夜間人口，製造業出荷額，商店数，小売業売場面積，小売業年間販売額などがあります。

(2)　ミクロレベルの分析

①　商圏内の人口構成

　　男女別人口，年齢別人口構成，町丁別人口構成，世帯構成など

②　商圏内の所得水準

　　世帯別所得水準の分布，町丁別所得水準の分布，1世帯当たりの平均所得など

③ 店舗周辺の状況

・駐車，駐輪スペース

・歩道

・競争店との優劣比較

(3) AI（人口知能）による商圏の分析と予測

　最近では，AIを導入し，周辺人口や居住地帯の傾向，交通量，学校や病院の配置状況などのデータを読み込み，1日当たりの店舗売上高を予測しています。また，その分析結果を立地に適した売場づくり（商品構成）にも活用しています。

3 出店の基本知識

3−1　出店のねらいと原則

(1) 出店のねらい

　経営環境の厳しさの中で，時代適応業として小売業が成長を遂げていくうえで，出店は重要となります。

　＜出店の目的＞

① 有望エリアへの出店による売上高の拡大

② 真空エリア（無競争地域）への出店による新たな市場の開拓

③ 既存エリアへの集中的・継続的出店による優位性形成

　市場の環境変化を的確に把握し，店舗形態や店舗規模などを十分に検討した出店戦略が小売業盛衰の鍵となります。

＜ドミナント＞

　優勢である，支配的である，という意味に訳されます。特定の地域に集中的に出店することで，ライバル他社に対して優位性を得ようとする施策をドミナント戦略と言います。優位性とは，例えば物流面や販売促進面において，コスト削減や効率化が図れるような点となります。

⑵　出店戦略を練るうえでの必須事項

①　経営戦略との一体性と整合性

　全社的な指針や構想を定めた経営戦略との一体性や整合性のもとに出店戦略は実施されます。小売業は，「誰に，何を，どのような方法で販売していくか」という生存領域を明確化することが重要です。

②　出店エリア・出店形態の確定

　既存の出店エリア内やその周辺に，高密度で多店舗出店する地域集中（エリア・ドミナント）出店により，地域内における店舗の認知度が高まります。また，商品を店舗まで配送する車両の削減や配送距離の短縮などによって，効率的な店舗運営も可能となります。

③　店舗規模の設定

　顧客にとっての歩きやすさや買いやすさ，また小売業の採算性の維持などの面を検討して，最適な規模を設定します。

④　必要商圏人口の設定

　3年〜5年先を見通して，採算のとれる来店客数が確保できる商圏の維持が重要な課題です。

⑤　業種・業態に合った立地選定

　自店の業種・業態とストアコンセプトの合致した立地要件を設定しておくことが必要です。

3－2　出店適合性の検討

　出店地区の現在の市場規模と将来性，競争店の動向など，多面的な検討が必要です。

　出店を決定するうえでは，出店候補地の十分な調査が必要です。

①　マクロ的視点からの分析

　人口統計や商業統計調査，広域商圏調査などがあります。

②　ミクロ的視点からの分析

　出店予定地の想定商圏の広がりや将来性を分析・評価し，出店の可否を見極めます。

③　商圏規模

　出店候補地の商圏規模（夜間人口，昼間人口など）と，需要を推定します。

④　競争の状況

　市場性や将来性の高い有望地域には競争店も数多く出店しています。そのため，自店の存在価値を明確に打ち出せるかという競争優位性の検討が必要です。

図表4－3－1　出店適合性からの分析

マクロ的視点からの分析	都市の風土 都市の盛衰度 市 場 規 模 市 場 性 商 業 力
ミクロ的視点からの分析	地域の風土 来店の利便性 商 圏 範 囲 商 圏 特 性 商 圏 規 模 競争店の状況 商店街の状況

第4章

リージョナルプロモーション （売場起点の狭域型購買促進）の基本

1 リージョナルプロモーションの体系

　小売業のプロモーションは，限定された商圏内の特定多数の顧客を対象とし
て展開します。つまり，売場を起点とするプロモーションの3P戦略によって
顧客を維持し，売上と利益の増加をはかる活動であり，リージョナルプロモー
ション（売場起点の狭域型購買促進）と位置づけられます。

1－1　アトラクティブプロモーション ＝来店促進策（プル戦略）

　商圏内における特定多数の顧客を計画的，かつ継続的に多頻度で呼び込むた
めの来店促進策であり，アトラクティブプロモーションと呼ばれます。

① 広　　告

　看板や交通広告などの店外広告，POP広告やポスターなどの店内広告，
バナー広告などの直接広告があります。

② パブリシティ

　第三者報道機関に取り上げてもらう公共的広告であり，原則として無料の
媒体です。

③ 口コミ

　コミュニケーション活動として知人から知人へと伝播するため，信頼性や
信憑性に富んだ無料の広告です。

④ ポスティング

商圏内の特定エリアに限定して，戸別の家庭などに独自の資料を軒並み配布して廻る広告活動です。

図表4－4－1 アトラクティブプロモーション＝来店促進策（プル戦略）

広　　告	マスメディア広告，インターネット広告，交通広告，ダイレクトメール広告，チラシ広告，屋外広告，店内広告
パブリックリレーションズ・パブリシティ	公共的広告（無料）
口 コ ミ	コミュニケーション活動（無料）
ポスティング	戸別配布

1－2 インストアプロモーション ＝販売促進策（プッシュ戦略）

インストアプロモーションは，小売業の主導により地域性や季節性などを考慮に入れた各種の販売促進企画を計画的，かつ継続的に打ち出し，売上増加をねらいとして顧客に対して積極的に売り込む店内の販売活動です。

① 人 的 販 売

販売員が顧客に対して直接，口頭で情報提供などを行う販売活動です。販売員のコミュニケーション能力が必要とされ，推奨販売やカウンセリング販売などの高度な接客販売が要求されます。

人的販売には，推奨販売，デモンストレーション販売，カウンセリング販売，実演販売，顧客サービス，催事・イベントなどの活動があります。

② 非人的販売

直接的には人手を介さない販売方法です。非人的販売には，プレミアム，FSP，値引・値下，特売，サンプル提供などの方法があります。

図表 4 − 4 − 2　インストアプロモーション＝販売促進策（プッシュ戦略）

人的販売活動	推奨販売，デモンストレーション販売，カウンセリング販売，実演販売，顧客サービス，催事イベント
非人的販売活動	プレミアム，FSP，値引・値下，特売，サンプル提供

図表 4 − 4 − 3　プレミアムの種類

べた付プレミアム	商品自体に添付され，購入者全員が公平に受け取ることができるものである。顧客はプレミアムがもらえる確実性や，直接確認できるため，購入する確率が高くなる。
オープン懸賞プレミアム	商品の購買とは無関係に，懸賞に応募すれば抽選でプレミアムがもらえるという手法である。商品名を書かせるクイズ形式，簡単な質問に答えるアンケート形式，商品のキャッチフレーズなどを募集するコンテスト形式などがある。
スピードくじプレミアム	期間キャンペーン商品などの売場で，商品を購入した顧客に三角くじなどを引いてもらい，抽選でプレミアムを配布する手法であり，メーカーと協賛で行う場合が多い。

図表4－4－4　価格によるセールス・プロモーション

クーポン	来店客に割引券を配布し，試し買いを動機づける手法である。
キャッシュバック	特定商品を購入した場合，顧客に現金の一部を返金する手法である。
増量パック	ボーナスパックともいわれ，価格は通常のままにしておき，容量を増やして販売する手法である。
お試しサイズ	少量で割安の特別品を用意し，初めて購入する顧客を対象に試し買いを促進する手法である。
低金利ローン	高額商品の販売（割賦販売）などに際し，金利分を販売店側が負担するなどして，購買を促進する手法である。

1－3　インストアマーチャンダイジング ＝購買促進策（プット戦略）

　通常，インストアマーチャンダイジングと呼ばれており，プットとは，売場に並べた商品を，顧客に自己の意思で取ってもらうという意味です。

　来店した顧客に衝動的，もしくは想起的な購買を促すための買いたくなるような仕掛けを施し，買上げ点数の増加による1人当たりの買上げ金額の増加をはかる活動です。

① 　フロアマネジメント

　　回遊性の向上をはかるためのフロアゾーニングと，立寄率の向上をはかるためのフロアレイアウトに分かれます。前者には，ピクトグラム（絵文字）の活用，顧客導線の検討，パワーカテゴリー（マグネット）の設置などの方法があります。後者には，ポスター類の活用，テーマに基づく関連陳列や用途別商品の連続配置などの方法があります。

② 　シェルフマネジメント

　　見やすさや取りやすさの向上をはかるためのディスプレイと，選びやすさや買いやすさの向上をはかるための棚割システムなどの方法があります。

③　ビジュアルマネジメント

　視認率の向上をはかるビジュアルマーチャンダイジングと，注目率の向上をはかるための色彩・装飾・照明による演出などの方法があります。

図表4-4-5　インストアマーチャンダイジング＝購買促進策（プット戦略）

フロアマネジメント	フロアゾーニング（回遊率の向上） フロアレイアウト（立寄率の向上）
シェルフマネジメント	ディスプレイ，スケマティックプラノグラム（棚割，フェイシング）
ビジュアルマネジメント	ビジュアルマーチャンダイジング（視認率の向上） 色彩・装飾・照明による演出（注目率の向上）

2　リージョナルプロモーション（3P戦略）の概要

2-1　アトラクティブプロモーション＝来店促進策（プル戦略）

(1)　広　　告

　広告は，小売店の存在や取扱商品・サービス，さらにはブランドなどを消費者に伝え，好意をもってもらうために，有料で視聴覚に訴える非人的な販売促進活動です。

(2)　PR（パブリック・リレーションズ）とパブリシティ

①　パブリック・リレーションズ

　PRは，広報活動とも呼ばれ，個人や組織が，その実態や自らの主張を相手に知ってもらい，相手のそれまでの自分たちに対する考え方を変えてもらったり，修正してもらったりするための計画的な情報提供活動であり，その対象は消費者，従業員，株主，取引先，地域コミュニティなどに向けられます。

②　パブリシティ

　また，パブリシティは，マスメディアに自店のサービスや各種イベントな

どの活動状況を提供し，ニュースや記事として取り上げてもらうことをねらった，さまざまな情報提供活動です。原則として無料で，第三者の立場からの評価，判断によって流される情報であり，受け手の信頼性は高く，受け入れるにあたっての抵抗も少ないというメリットがあります。

③ 口 コ ミ

消費者の口から口へ，商品やサービスなどの情報が伝達され，購買を刺激する無料のコミュニケーション活動です。

媒体を経由しないで，人の口から口へ直接メッセージが伝達されるため，日頃から信頼している第三者が情報を伝えるのであれば，受け手の信頼性も高く抵抗も少ないです。

図表 4 － 4 － 6　　広告の種類

マスメディア広告	テレビやラジオ広告などの電波媒体と，新聞や雑誌広告などの印刷媒体がある。
インターネット広告	・バナー広告は，web サイトに広告画像を貼り，それをクリックすると広告主の web サイトにリンクする手法である。 ・リスティング広告は，検索キーワード連動広告であり，検索エンジンの検索結果ページにテキスト広告を表示する方法である。
交通広告	特定地域や鉄道の沿線に立地する機関の広告であり，電車内の中づり広告，駅貼りポスター，駅構内ボードなどがある。
ダイレクトメール	自宅や事業所にはがきや封筒で直接郵送されてくる広告である。
チラシ広告	新聞の折り込み広告，ポスティング広告，街頭で配布されているフリーペーパーなどの広告である。
屋外広告	ネオンサインや野立て看板，アドバルーンなどのあらゆる店外広告である。
店内広告	売場，店内での商品説明のために陳列棚や商品付近につけられた POP 広告などである。

2－2 インストアプロモーション ＝販売促進策（プッシュ戦略）

(1) 人的販売活動

① 推奨販売

販売員が顧客の相談に乗り，質問をして顧客のニーズやウォンツを汲み取ります。そして，適切と思われる商品を2～3点選定し，それぞれの特徴を比較しながら説明し，最終的には顧客にどれかを選んでもらう販売方法です。

② デモンストレーション販売

デモンストレーション販売を効果的に実施するには，期待通りに働いてくれるデモンストレーターと活動の場面を設営していくスタッフの体制が必要となります。当該商品を開発したメーカーのスタッフがキャンペーン期間に合わせてチェーンストアの店舗をキャラバン方式で巡回するのが一般的です。

③ カウンセリング販売

専門知識を持った販売員が顧客のニーズやウォンツを汲み取ったりして，悩みや問題が改善されるように支援する販売方法です。

④ 実演販売

売場を活用して顧客の前で実際に調理プロセスなどを演出して見せ，顧客に感動をもたらすような販売方法です。

⑤ 催事・イベント

キャンペーン活動は，さまざまなプロモーション手段が組み合わされ，明確なテーマ設定のもとに一定期間行われる組織的，かつ計画的な催事活動です。

＜推奨販売＞

対面販売の中でも，特に顧客の要望等を聞きながら接客を行う必要のある商品を扱う場合の販売方法です。顧客一人ひとりのニーズをしっかり汲み取り，さらに顧客のライフスタイルそのものに対する提案を行うことが求められるため，専門家や熟練者が行うことになります。契約までに時間

> がかかり，高度な知識と経験が必要とされる分，利益率の高い販売活動と
> なります。

(2) 非人的販売活動

① プレミアム

　新商品の導入によって認知率を高めたり，売れ行きが鈍化した商品の商品
回転率を向上させたりする場合などに，プレミアムセールを実施します。

＜プレミアム選定の留意点＞

・商品またはその商品の使用者に関連したもの

・オリジナリティに富んだもの

・普及率の低いもの

・コンセプトをもったシリーズもの

・そろえることによって価値が高まるもの　など

② FSP（フリークエント・ショッパーズ・プログラム）

　第2章第3節を参照して下さい。

③ 値引・値下

　主に定番商品の通常価格を曜日や時間帯などで，一時的に引き下げて顧客
の購買需要を刺激します。

④ 特　　売

　単なる安さを訴えるだけでは利益が取れないため，テーマ設定による販売
促進と連動させて実施するのが望ましいです。日替わりサービス，タイムサー
ビスなどについても検討します。

⑤ サンプル配布

　サンプルはただ単に提供するのではなくサンプルに対して顧客がどう反応
するか，どのように受け入れてもらえるのか，などを把握することが重要で
す。

＜サンプルの提供方法＞

・メディアサンプル……新聞広告キャンペーンで応募者を募る

- 戸別配布…ドア・ツウ・ドアと呼ばれ，エリアを決めて直接，家庭に配布する
- ダイレクトメール……対象リストにもとづく郵送方法であり，はがきや封筒を活用する
- クロスサンプリング……既存商品に添付する
- 店舗での直接配布　など

2－3　インストアマーチャンダイジング ＝購買促進策（プット戦略）

(1)　POP広告とは

POPとは，Point of Purchase の略語であり，顧客が商品を購買する時点という意味です。

POP広告は，売場の案内や商品の使用方法などをわかりやすく表現したカードやボード（板）などのことです。

(2)　POP広告の概要

①　POP広告の主な役割

- 来店客をスムースに各売場に誘導する
- 商品に視線を引き付ける
- 商品のセールスポイントを説明する
- 消費者の購買を促す

②　POP広告の特徴

POP広告は，消費者と商品が接する売場で活用する広告です。買物の便宜をはかるための広告となっているかがPOP広告を実施するうえでの重要なポイントです。

POP広告を配置する場所は，顧客の視線や店内での動き方などを考慮に入れて決定します。同時に，顧客にとって見やすく，読みやすくなければなりません。適切な内容のPOP広告を，適切な場所に，適切に配置することが重要です。

③　POP広告の目的

チラシ広告が来店客数を増やすものであるのに対して，POP広告は購買単価を引き上げるための方法です。顧客に対して，より多くの商品を買ってもらうための手段としてPOP広告を活用します。

④ POP広告の活用目的

・顧客の疑問に応える

販売員に代わって顧客の疑問に応える役割があります。売場の案内や特売，サービスの告知，また顧客の商品に対する疑問や質問に応えます。

・顧客に選ぶうえでの情報を提供する

売場に陳列された多くの商品の中から顧客が求める商品を比較し，自由に気軽に選べるようにすることがあります。

・他店との違いを主張する

自店の商品やサービスの特徴や強みを明確に顧客に伝えます。わかりやすい説明や楽しめる表現があれば，顧客は納得して自店の商品を購入します。

---

3 インバウンド（訪日外国人に対するプロモーション）

3−1 訪日外国人旅行者の増加

2017年の訪日外国人旅行者数は，前年比19.3％増の2,869万人であり，2016年の外国人旅行者数受入数ランキングでは，世界で第11位に相当します。

2013年に訪日ゲストの数は，史上初めて1,000万人に到達し，2003年と比較すると，その数はほぼ倍増しています。この背景には，中国や東南アジア諸国連合などに対する訪日ビザの発給要件を緩和したことや，格安航空会社（LCC）の就航拡大や増便，入国管理手続きの整備といった一連の施策に，観光立国を目指す日本政府が取り組んだことがあります。

3－2　ショッピングツーリズム

「訪日外国人消費動向調査」（観光庁）によると，2017年の訪日ゲストの消費総額は約4.4兆円です。そのうち，買物代が37.1％と最も多く，次に宿泊料金が28.2％，飲食費が20.1％という構成になっています。

こうした買物を目的とした観光のことをショッピングツーリズムといいます。日本の魅力を世界に伝え，「おもてなし」の心で訪日外国人旅行者の買物を促進しようとしています。

今後は，さらに訪日ゲストの1人当たり旅行支出を増加させる必要があり，付加価値の高い商品やサービスの提供や，比較的1人当たり旅行支出が高い富裕層の獲得，長期滞在傾向の高い欧米やオーストラリアからの誘致などに取り組む必要があります。

3－3　訪日ゲスト向けのマーケティング

まず，市場を細分化（セグメンテーション）してから，標的とする主要な顧客層を特定（ターゲティング）し，差別化をはかっていく（ポジショニング）というように，従来のマーケティングの手法同様のアプローチが，訪日ゲスト向けのマーケティングでも有効です。

ただし，標的とする主要顧客層が外国人旅行者であることに注意が必要です。たとえば，小売店がホームページを開いている場合には，ターゲットに合わせた多言語で作成したり，各国の休日に合わせた来店客の予測に合わせた販売体制を計画したり，旅行者の関心に合わせた品ぞろえを充実させたりする工夫が必要になります。他国の文化や習慣を尊重する姿勢がなにより重要です。

3－4　訪日ゲストに対するセグメンテーションとターゲティング

インバウンドに対するセグメンテーションについては，「日本以外の国に居住していること」と「旅行者であること」がポイントとなります。

主たる居住地が外国であることから，それぞれの国の気候や平均年齢，平均

所得，主たる言語，祝祭日や年代といった個人属性を把握することができます。また，旅行者であることから，初来日かリピーターか，団体旅行か個人の旅行かといった視点からセグメンテーションを行うことで，主に行動特性を絞り込むことが可能になります。

図表４−４−７　セグメンテーションの切り口

居住地が日本ではないこと	観光目的の旅行者であること
＜国の特性＞ 気候・宗教・平均年齢・平均所得 ＜コミュニケーション＞ 主たる言語 ＜休日＞ 祝祭日・長期休暇 ＜その他＞ ビザ・文化的背景・為替の変向	＜旅行経験＞ 初来日・リピーター・諸外国経験 ＜旅行形態＞ 団体旅行・個人旅行・知人への訪問 ＜主たる観光目的＞ 飲食・ショッピング・街歩き・温泉 ＜日程＞ 日数・宿泊の形態・自由時間

　セグメンテーションによって市場を細分化した後に，小売店の経営資源をどのセグメントに集中させるのかを決定します（ターゲティング）。それぞれの訪日ゲストに対して適切な対応となっているかを，ターゲットごとに確認することが重要です。

３−５　訪日ゲストに対するポジショニング

　日本が観光目的として外国との差別化を図るうえで，次の３つの価値が差別化（ポジショニング）の基本となります。
＜日本を旅することでしか得られない３つの価値＞
- 日本人の神秘的で不可思議な気質に触れることができる
- 日本人が細部までこだわりぬいた作品に出合える
- 日本人の普段の生活にあるちょっとしたことを体験できる

　小売店も訪日ゲスト向けの商品やサービスの提供などを行ううえで，日本人の生活や歴史，文化に密接に関係するものを提案することが必要となります。

また，販売員の気配りにあふれた接客自体が貴重な体験との観点もあります。

3－6　訪日ゲストに対するマーケティング・ミックス

　上記の 3 段階が確定した後は，商品・価格・プロモーション・店舗立地の 4 つの手段を組み合わせて，マーケティング・ミックスを展開します。

(1)　訪日ゲストに対する商品やサービス

　訪日ゲストに対しては，日本国内でのみ販売されているという限定性のある商品の提供が有効です。また，訪日時の購入をきっかけに，電子商取引や在日外国人を介しての商品購入も増加しており，ショッピングツーリズムが地域の知名度向上や海外向け輸出の増加に寄与するケースも多いです。

(2)　訪日ゲストに対する価格政策

　最も特徴的なのは，消費税免税制度です。物品を海外に持ち出すことを前提とする訪日ゲストの買物については，消費税が免税されます。

　2014年10月に施行された免税制度の改正では，食料品・飲料・薬品類・化粧品などの消耗品を含めたすべての品目が消費税免税の対象となりました。改正前に5,000店舗未満だった外国人旅行者向け消費税免税店は，2018年10月現在で4.7万店舗を超えています。

　また，2019年 7 月 1 日からは，地域のお祭りや商店街のイベントなどに出店する場合には，簡素な手続きで免税販売を可能とする臨時免税店制度を創設して，地域の特産品の販売機会を増やすことや，免税販売手続きの電子化などが導入されます。

　すでに免税制度の認知度は高く，店内や商品ラベルでの価格表示において，本体価格と税額の明記の重要性が高いです。免税販売を行っている店舗では，免税店シンボルマークを表示することができます。

(3)　訪日ゲストに対するプロモーション

　観光庁は，訪日プロモーション方針を公表しており，訪日インバウンドの成長が見込まれる全世界の市場からの誘客に取り組んでいます。

　小売店においても，初来日ゲストを代表とする新規顧客の獲得と，リピーター

層の取り込みの両面からのプロモーション展開が必要です。また，訪日ゲストならではの特性として，多言語表示の SNS やホームページを通じた情報発信などデジタルマーケティングや，旅行者が多く利用する媒体の活用に留意する必要があります。

　多くの訪日ゲストは，インターネットでの情報収集や SNS を介した友人や知人からの情報が有用と考えており，訪日ゲスト自身の情報発信や口コミが，次のゲストへのプロモーションにつながっていることに留意しなければなりません。

　また，旅行代理店が提供するパンフレットや日本各地の観光案内所などで提供される情報は，訪日ゲストの行動に大きな影響を及ぼします。

⑷　訪日ゲストに対する受入環境の整備

　インバウンドを対象とする小売店の場合は，受入環境を整備する必要があります。インバウンドの利便性を向上させるとともに，小売店の従業員の負担を軽減したり，日本に居住する顧客の利便性を向上させたりします。

　①　決済対応

　　決済手段として，海外でよく用いられているクレジットカードなどでの決済が可能になるように店舗を整備しておきます。訪日外国人旅行者の消費額のうちクレジットカードの利用額が約56%，交通系 IC カード・デビッドカード・モバイル決済の利用額がそれぞれ約10%とキャッシュレス化が高いことが特徴となっています。中国ではモバイル QR 決済が普及しており，キャッシュレス決済への対応は必要不可欠といえます。

　②　通信環境の整備

　　訪日ゲストの多くが旅行中にスマートフォンを利用しています。したがって，無料 Wi-Fi などのニーズも高くなっています。また，レンタル Wi-Fi ルーター，SIM カード，国際ローミングの利用も増えています。

　＊SIM カード　スマートフォンに差し込むことでインターネットを利用できるカードのこと。

　＊国際ローミング　訪日外国人旅行者が国内で通信会社を契約しているスマー

トフォンなどを海外でも利用すること。

③ 多言語対応

　訪日ゲストに対しては，接客コミュニケーション，店頭表示，商品説明の3つの面から多言語対応が必要となります。小売業の多言語対応については，「小売業の多言語対応ガイドライン」が公表されており，小売店において活用するための具体的なツールや教材などとともに，「小売業の多言語対応」のコーナー（日本小売業協会ホームページ）に，積極的に活用することが大切となります。

第5章

顧客志向型売場づくりの基本

1 売場の改善と改革

1－1　売場の改善と改革

　改善とは，「どうあるべきか」というビジョン（理想）と「こうしている」という現実とのギャップを埋める行動です。同じ経営方法の中で常に過去と現在を比較し，降りかかってくる目先の火の粉をどう払いのけるかという戦術（現状維持）といえます。

　これに対して，改革とは，過去から現在までの経営方法を断ち切り，構造（組織）面や機能（経営）面に変革をもたらす新しい方法論を実行に移すことにより，現在の経営から脱却をはかる戦略（現状否定）といえます。

　改善が日常業務の効率を追求して売上高の向上をはかるねらいがあるのに対して，改革は中期的視点で効果を追求して，利益の向上をはかることをねらいとしています。

　小売業は，提案型の売場をつくることによって，新たな需要が売場で創造できるので，顧客の満足度を高めることができます。

1－2　売場の形態

⑴　対面販売方式の売場

　百貨店や専門店などの小売業が，主に専門品や高級品などの購買頻度の低い

商品を販売するのに適しています。商品を常に売場の販売員が管理しており，商品ロスがほとんどない状況を維持できる点が特徴ですが，一方，販売員の人件費が高くつくことがあります。

(2)　セルフサービス販売方式の売場

　低価格の生活必需品をまとめて購入する顧客に対応する業態が適しており，スーパーマーケットやホームセンター，ドラッグストアなどがあります。

　店舗の運営コストが少なくてすむ利点がありますが，少数の従業員で売場を管理しているため，すべての売場を常にきちんと整備し，効率的に運営することがむずかしい面もあります。ここでは，売場単位の販売効率の向上が課題となります。

(3)　セルフセレクション方式の売場

　レジが売場ごとにいくつも設置されている点に特徴があります。セルフサービス方式と，側面販売方式によるセルフセレクション方式を組み合わせている小売業態もあります。

図表 4 - 5 - 1　小売業の売場方式の違い

	対面販売方式	セルフサービス販売方式	セルフセレクション販売方式
特　徴	販売員が顧客とレジや接客カウンターを挟んで向かい合って接客する	売場に販売員はいないので，顧客が自分の意思で自由に商品を選択する	セルフサービス販売方式の売場に，セルフセレクション販売方式の特徴である側面販売を組み合わせた販売方式である
精算方法	対面する販売員に支払う	出口近くのレジで一括集中精算する	いくつかの売場に分かれているレジで精算する
対象商品	専門品，高級品など，購買頻度の低い商品が中心となる	消耗頻度，使用頻度，購買頻度の高い商品が中心となる	カジュアル衣料品や住居関連の商品が中心となる
顧客のメリット	専門的できめ細かいアドバイスが受けられる	スピーディに自由に選べる 販売員に気兼ねなく買える	自由に選べて，聞きたいことは，いつでも気兼ねなく相談できる

2　店舗照明の基本知識

2 - 1　店舗照明の機能

(1)　店舗照明の機能

　店舗照明には，来店促進と購買促進の 2 つの目的があります。小売店の存在を訴求し，より多くの顧客の来店を促すとともに，店内では快適な買物環境を提供し，より多くの商品を購買してもらうことが大切です。

　① 来店促進機能としての店舗照明

　　安全性，快適性を基本とした店舗イメージを醸し出すことによって，小売店の存在感を主張し，顧客の来店頻度を高めます。

② 購買促進機能としての店舗照明

演出性，選択性を基本とした売場イメージを醸し出すことによって，買いやすさを訴求し，顧客の 1 回当たり買上げ点数を増加させます。

店舗照明の計画に際しては，初期設備のローコスト化やランニングコストの低減，従業員の働きやすさなどへの配慮，省エネルギーや環境問題などへの配慮が必要です。

図表 4 - 5 - 2　照明計画のチェックポイント

ストアコンセプト	誰に，何を，どのように提供していくかを設定する
売場コンセプト	それぞれの売場の重点顧客，重点商品を明確化する
店舗デザイン	建物，床，什器，内装などと照明のデザインおよび色彩の統一や調和をはかる
全般照明	全体照明の明るさ，必要灯数，配置と取付方法を確定する
重点照明・装飾照明	照明の組み合わせとバランスを考える
コスト	設備費用，施工費用，店舗運用費用の低減化などを策定する
環　境	立地環境，街並み，近隣の商業施設とのバランスを重視する

(2) 店舗照明の要件

① ストアコンセプトの明確化

ストアコンセプトを基本として，店舗の構成全体から照明計画を考えます。

② 効果的な店頭照明のあり方

・必要な明るさの確保とともに店舗全体の雰囲気づくりや快適な空間づくり

・照明の工夫による店舗イメージの変化

・店頭やショーウインドを効果的に照らすことによる効果

・近隣の店舗との調和をはかるための照度が必要

・業態や店格に合わせた光源の照明器具の使用

4 マーケティング

③ 効果的な店内照明のあり方

- 環境負荷の低減への取り組みでは，改正省エネ法への対応やローコストオペレーションを考慮する
- 顧客の購買意欲を高めるために，商品の周りを明るくするハイパワーライティングという手法を採用する
- 照明の数を減らしながら効果的に店内を演出する（壁面の照明を明るくする）
- 人間の視界がおおむね上下55度，左右110度であることを考慮する（天井や床がほとんど視野に入ってこない）

図表４－５－３　店内各部の明暗差

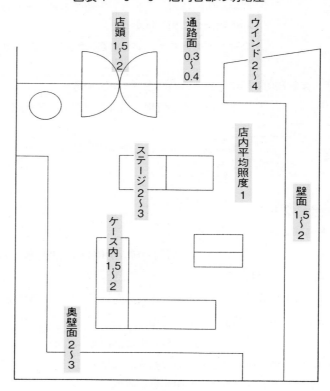

＜ハイパワーライティングで重点的に明るくする場所＞

・ショーウインド

・店頭の出入口

・ステージなどの演出コーナー

・季節の催事コーナー

・集視ポイント

④　照明の当て方の基本

・重点商品は強い光をあてる

・照度の差が5対1の比率を超えると，立体感を演出できる

・生鮮食品は，白色を主体としつつ，赤色LEDを混ぜることで，商品の魅力を高める

・色が黒いものや暗い色彩の商品は，光量を増やして明るくする。また，スポットライトを多用する。

・店頭と店奥の壁面を明るくし，みかけの明るさを得る

⑤　照明器具の配置

　店舗全体を照らす全般照明は，店内全体が均一な照度が得られるように，売場配置に沿ってランプを平均的に配置します。

2－2　照明による演出

(1)　照明の分類

①　全般照明（ベース照明）

　店舗や売場全体を均等に照らす照明です。天井埋込み型，ルーバーなどの蛍光灯や白熱電球が多く使われています。

②　重点照明（アクセント照明，局部照明）

　特定の場所や商品を目立たせるための照明です。スポットライトやダウンライトなどがあり，指向性の強い光で商品の立体感や材質感を強調します。

③　装飾照明（インテリアライティング）

　インテリアとしての装飾効果を重視する照明です。シャンデリアやペンダ

ント，壁面ブラケットなどの器具が使用され，店内の販売促進活動との連動をはかることが重要です。

図表4－5－4　照明器具のタイプ

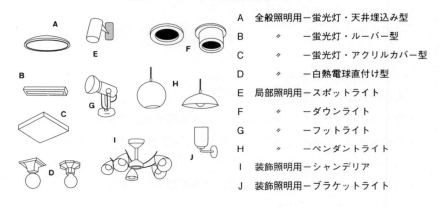

A　全般照明用－蛍光灯・天井埋込み型

B　　〃　　－蛍光灯・ルーバー型

C　　〃　　－蛍光灯・アクリルカバー型

D　　〃　　－白熱電球直付け型

E　局部照明用－スポットライト

F　　〃　　－ダウンライト

G　　〃　　－フットライト

H　　〃　　－ペンダントライト

I　装飾照明用－シャンデリア

J　装飾照明用－ブラケットライト

④　省エネ照明

照明の間引きや調光によるライトダウンを行うものです。店内の点灯箇所を見直し，蛍光灯の本数を間引くことで，省エネルギーを実現します。

(2)　照度の目安

光源によって照らされる面の明るさを「照度」と呼び，単位は「ルクス（LX）」です。店舗の明るさを決める目安として，業種・業態ごとに必要とされる照度の値が示されています。

＜一般的な店舗照度＞

・売場の照度……500〜750ルクス

・重点ポイントの照度……1,500〜3,000ルクス

・商品フェイス（陳列，ショーケース）の照度……900〜1,200ルクス

JIS照度基準で示される照度を小売業での基準として，顧客の満足を損なうことなく照度を落として，省エネをはかることが課題です。

⑶　手法形状による照明の方法

①　直接照明

　床面や商品の陳列面を直接照らす形式のことです（蛍光灯やスポットライト）。最寄品を取り扱う売場の全般照明の照明形式です。

②　半直接照明

　直接照明に，ルーバーやアクリル板などのカバーをつけたもので，百貨店や専門店で多く採用されています。

③　間接照明

　光源が直接目に触れないように，建物の壁や天井に光源を埋め込み，反射する光によって明るさを出す照明形式です。

④　半間接照明

　室内に向けた配光よりも，天井や壁面の反射光が多い照明形式です（ブラケット照明，ペンダント照明など）。

⑤　全般拡散照明

　光を均一に店内に行きわたらせる形式です（シャンデリア，バランスライトなど）。

図表 4 − 5 − 5　照明の形式

形　式	形　状	特　徴
①　直接照明	上方 0〜10%／下方 100〜90%	・光源を天井から直付けした照明 ・光源の明かりで直接照らす ・最も一般的な照明
②　半直接照明	10〜40%／90〜60%	・グローブやループなどを通して照射される照明 ・やわらかい光
③　間接照明	90〜100%／10〜0%	・光をすべて天井面や壁面に反射させる照明 ・まぶしくない拡散光で照らす ・高級感，ムードを出す
④　半間接照明	60〜90%／40〜10%	・光の一部を天井面や壁面に反射させて，あらゆる方向からの反射で照らす ・やわらかい光
⑤　全般拡散証明	40〜60%／60〜40%	・シャンデリア，バランスライトなどの照明 ・光が上下左右に拡散される ・全体を均一な明るさにする

⑷　照明設備の使い方の工夫

＜チェックポイント＞

・店舗施設は，外の光が利用できる時間帯・場所では，できるだけ消灯します。

- 省エネ化により，照明について，開店前・閉店後の照明時間のルールを決め，照明時間の短縮化をはかります。
- 事務所やバックヤードの不使用時の消灯を呼びかけます。
- 照明を定期的に測定して，JISの照度基準よりも過剰な照度とならないようにします。
- 照明器具を定期的に清掃します。
- 店舗改装時に，通路部分の照度を大幅に落とし，重点照明を利用して，商品を際立つようにします。

⑸　照度以外に人が感じる明るさ

　照明の明るさは，一般的に「照度（光の量）」で表されます。しかし，人が感じる明るさは，「色温度」，「演色性（光の質）」によって変わってきます。

①　色温度

　光の色相差を表わしているのが色温度で，単位は「ケルビン（K）」で表わします。色温度が低くなれば赤味がかった光色になり，高くなれば青っぽい光色になります。

②　演色性

　商品の色彩をより自然に正しく見せるためには，演色性の高い光源を使用することが必要です。この演色性の評価方法として「平均演色評価数（Ra）」があり，この数値が100に近いほど演色性がよく，また色彩が忠実に表現されます。

2－3　場所別の照明

⑴　陳列棚の照明

　ゴンドラの棚板部分や壁面部分の明るさの目安は，店内全般の1.5〜2倍です。顧客の視線を考慮し，照明の方向を確認したうえで，照明器具の設置場所を決定します。

⑵　ショーウインドの照明

　蛍光灯を使用して十分な照度を確保し，外部の明るさと連動して照度を調節

できるようにします。また，器具としては可動式が便利です。

(3) 壁面の照明

明るい印象の店舗にするために，壁面の照度を高めます。店内奥の壁面を売場の2倍〜3倍の明るさにすると，店内が広く感じられ，顧客が入りやすい店舗となります。

(4) 店内設備の照明

① ト イ レ

顧客に不快感を与えない色として，演色性がよく，昼光に似た色光の蛍光灯を使用します。

② 非 常 灯

火災や地震などの不測の事態に電源が絶たれた場合の照明は，「建築基準法」で定められています。

- ・避難や消火作業に支障がないように，最低1ルクスを確保すること。
- ・直接照明であること。
- ・主要部分は不燃材料でつくられていること。

また，不特定多数の人々が出入りする場所には，「消防法」により誘導灯の設置が義務づけられています。

▌*3* 光源の種類と特徴

3−1 光源の種類

(1) 蛍 光 灯

省電力や寿命の長さなどの経済的効果面から，主に店内の全般照明に使用されてきました。近年では，高演色蛍光灯など，さまざまな特性を備えたものが開発され，広く使用されています。

(2)　高輝度放電灯（HID ランプ）

①　水　銀　灯

透明型の水銀灯は青白い光が強いため，若干の赤色光を放射する蛍光水銀灯が多用されています。

②　メタルハライドランプ

水銀灯に比べると効率は1.4倍〜1.5倍と高くなり，白色光で演色性にも優れています。

③　高圧ナトリウム灯

主に黄色と赤色の光が出るため，効率は非常によく，高効率光源としてガソリンスタンドや道路などに使用されています。

(3)　発光ダイオード（LED）照明

①　LED 照明の採用と背景

これまでの白熱電球や蛍光灯に代わり，LED が照明の主役になりつつあります。LED 照明を用いる際には，その性能だけでなく，新しい空間演出の考え方が必要になってきます。これからは，売場ごとに照度がコントロールされていることが重要になってきます。

また，LED 照明が採用される背景として，その特徴を生かしながら環境負荷の低減につながることも理解することが大切です。

②　LED 照明の特徴

LED 照明の特徴として，「省電力」「長寿命」「紫外線や熱線をあまり含まない」があります。また，「光源の小ささ」「調光機能」「応答速度の速さ」という特性もあります。

光が横に広がらずに，まっすぐに降りそそぐこともあり，エコ対策としてだけではなく，視覚的にも有効活用することができます。

4 ディスプレイ効果を高める色彩の活用

4−1 色彩計画策定の必要性

　店舗における色彩計画は，店舗空間の演出，ディスプレイ効果の向上のための手法として重要な役割を果たしています。

　＜カラーコンディショニングのメリット＞

① 店舗イメージを望ましい方向に形成できる。

② 従業員の心身の疲労を少なくすることで，販売活動や作業効率を高めることが可能になる。

③ 店舗の個性を印象づけることができ，また商品の陳列効果を一層高めることが可能になる。

④ 店舗内での事故を防ぎ，安全を保つ効果がある。また，建物や設備などの保持にも役立つ。

　店舗のコンセプトカラーを主要顧客層に強く印象づけ，各売場の商品と背景の色彩をコーディネートすることが必要です。

(1) 商品バックの色彩

① 背景の色は，主役である商品に対して目立ちすぎないように，明るさや鮮やかさが弱い色が基本です。

② 補色は背景の色としては不向きです。

③ それぞれの色の境を白いラインで区切ると，引き立って見えます。

④ 商品の背景は，商品と同系色で，明度が低い色が適しています。

⑤ 多彩な色を持つ商品の背景は，寒色の明度や彩度の低い色が無難です。

(2) 店舗の色彩間の調和

① ベースとなる色を決めます。

② 外装の色彩は，店舗の性格を表現し，通行人にアピールできるものにします。

③　外装の色彩と店内の色彩との調和を考えます。

④　床と天井の色を対比させ，バランスのとれた色を決めます。

⑤　壁面は，統一性を持たせる必要があります。

⑥　陳列什器は内装と色彩が合わないものは避けます。

4－2　色の持つ特性

(1)　色の3要素

①　色　　相

　色を構成する光の波長別のエネルギー分布差に基づいた色合いの違いのことです。

②　明　　度

　色のもっている明るさの度合いを表わします。

③　彩　　度

　色の冴え方や鮮やかさを表わします。

(2)　無彩色の特性

　白，灰，黒といった色合いを持たない色です。彩度は0であり，明度の段階しかありません。

①　黒の持つ特性

・黒は光を吸収し，明るさが他の色より必要である。

・熱を吸収するので，売場の温度を上昇させる。

・陰気な性質であり，人を引きつける力が弱い。

・消極的な色である。

②　灰色の持つ特性

・中性色であり，隣接する色に何の影響も変化も与えない。

・濃い灰色は，背景の色としては不向きである。

・明度が白に近づけば白の特性に，黒に近づけば黒の特性に似る。

・すべての配列の色相の色をそのままの価値で示す。

③　白の持つ特性

- 光をほとんど反射するので，まぶしさがある。
- 冷たく，さびしい性質がある。
- 好ましさを訴求する特性には欠けている。
- 青い光を照射すると，白はさらに美しく見える。

⑶ 有彩色の特性

　色合いのあるすべての色が有彩色であり，色相，明度，彩度の3つの属性があります。

　① 暖色と寒色の持つ特性

- 暖色……火や太陽を連想させる赤を中心に，赤紫，橙，黄などの色相があり，興奮色である。
- 寒色……水や空を連想させる青緑，青，青紫などの色相があり，沈静色である。
- 中性色……暖かくも寒くも感じない色相で，黄緑，緑，紫がある。

図表4－5－6　色の特性

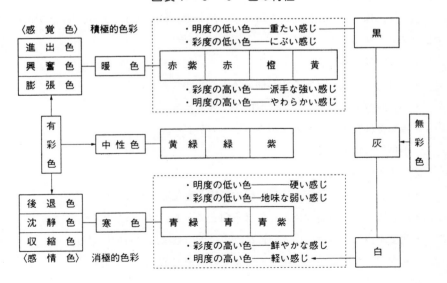

② 進出色と後退色

・進出色……前に飛び出して見える色，暖色は膨張して進出する。

・後退色……奥に引っ込んで見える色，寒色は収縮して後退する。

⑷ 補色と準補色の陳列

　補色は，色相環で向かい合った位置にあり，最も離れた色同士です。補色は色相差が大きく，お互いが強く主張しあう色であるため，効果的な配色は難しいです。

　準補色は，補色の手前の関係にあり，非常に華やかな感じが出せます。

図表4－5－7　色　相　環

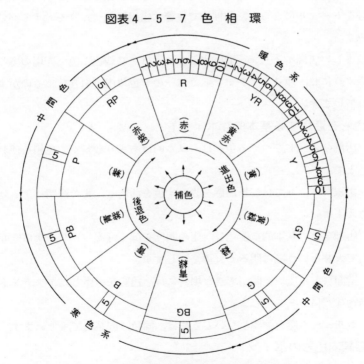

出所：『色彩入門』（有峰書店）一部加筆修正。

4 − 3　色彩計画策定上の留意点

(1)　色彩計画策定上の留意点

①　現実の色は，色の3要素（色相，明度，彩度）とともに，素材や光沢，透明感などにも影響されます。

②　照明や什器，商品などによって色が変わります。

③　色は使われる面積によって互いに干渉しあい，異なって見えます。

④　退色や変色，汚れなどに対する配慮が必要です。

　　全体的な統一感にもとづき，部分ごとの色を調和させることが重要です。店舗をトータルにとらえ，個性的で快適な売場空間づくりを考える必要があります。

　　望ましい店舗イメージを形成するためには，基調色1色で売場の多くを占めるようにし，残りをアクセントカラーの3色以内で引き締めるのがよいとされています。

(2)　色彩を活用する基本的なポイント

①　店舗のムードをつくる色彩は，基本的にあまり数多くの色相を使わないことです。

②　集視ポイントでは，季節感を表わす色を活用し，また照明による効果を考えます。

③　店舗全体の基本的な配色は，床の明度を低く（濃く）し，次に壁面，そして天井という順に明るく（薄く）します。

④　壁面などに広い空間ができた場合には，色彩を考慮したアクセントを装飾物などによって施します。

⑤　ボリューム感を強調したいときには，同色，同系色でまとめます。

(3)　店舗内色彩のポイント

①　天　井　の　色

反射率の高い色を使用します。

②　壁　の　色

淡い色を使うのが一般的です。

③　床　の　色

一般的には反射率が低く，あまり濃くない色を使います。

(4)　店舗構造における色彩のポイント

①　非常に小さい店舗の場合

店内のすべてに明るい色を使うと，広い印象を与えることができます。

②　天井の低い店舗の場合

天井を壁よりも明るい色にすると，高く感じさせることができます。

③　単調な四角い店舗の場合

店奥の壁に両側よりも明るい色を使うと，奥行きを感じさせることができます。

④　細長い店舗の場合

店奥の壁に両側よりも濃い色を使うと，広く見せることができます。

<4 マーケティング>

本試験形式問題

第1問　次の文章は，小売業の商品化政策について述べている。文中の
　　　〔　　〕の部分に，下記に示すア～オのそれぞれの語群から最も適当な
　　　ものを選んで，解答欄にその番号を記入しなさい。

　小売業における商品化政策は，メーカーが製造したさまざまな製品を，自社
の〔ア〕特性や商圏内顧客のニーズや〔イ〕に合わせて，どのような〔ウ〕の
売場構成にすべきかという〔エ〕が重要な課題となる。小売業は，顧客が求め
るときに，求める商品を，求める量だけ〔オ〕に用意しておく体制を維持する
ことが重要となっている。

【語　群】
ア〔1．業態　　2．業種　　3．立地　　4．企業〕
イ〔1．ライフサイクル　　2．ライフコース　　3．ライフスタイル
　　4．期待〕
ウ〔1．特徴　　2．個性　　3．カテゴリー　　4．種類〕
エ〔1．仕入　　2．マーチャンダイジング　　3．販売　　4．在庫〕
オ〔1．倉庫　　2．店頭　　3．仕入先　　4．手元〕

解答欄	ア	イ	ウ	エ	オ

4 マーケティング

第2問 次の文章は，顧客満足経営について述べている。文中の〔　　〕の
部分に，下記に示すア～オのそれぞれの語群から最も適当なものを選
んで，解答欄にその番号を記入しなさい。

　顧客満足経営とは，小売業が自店にとっての重要な顧客一人ひとりの〔ア〕
を高めることを〔イ〕に据え，経営を行うことである。サービスや〔ウ〕精神
を発揮して，商品を繰り返し購入してもらう経営の〔エ〕づくりを行うことを
いう。顧客満足経営に徹することにより，自店に対する顧客の〔オ〕を向上さ
せることにつながっていく。

【語　群】

ア〔1．生活　　2．期待　　3．利用率　　4．満足度〕

イ〔1．企業理念　　2．中心　　3．結果　　4．目標〕

ウ〔1．接客　　2．優遇　　3．ホスピタリティ　　4．安売り〕

エ〔1．基盤　　2．目的　　3．重点　　4．仕組み〕

オ〔1．売上　　2．ロイヤルティ　　3．来店　　4．利益〕

解答欄	ア	イ	ウ	エ	オ

第3問 次の各事項のうち，次のア～オは，フリークエント・ショッパーズ・
プログラムについて述べている。フリークエント・ショッパーズ・プ
ログラム（FSP）に関するものには1を，ポイントカードに関するも
のには2を，解答欄に記入しなさい。

ア　顧客とのよい関係づくりをねらいとしている。

イ　取り組みの考え方は，販売促進の一手段である。

ウ　顧客へのアプローチは，優良顧客ほど手厚い特典を提供することである。

エ　取り組みの考え方は，顧客満足度の向上である。

オ　顧客へのアプローチは，すべての顧客に対して平等に提供することである。

解答欄	ア	イ	ウ	エ	オ

第4問　次のア～オは，商圏範囲の測定と設定の方法について述べている。正しいものには1を，誤っているものには2を，解答欄に記入しなさい。

ア　地域の潜在顧客や未来店客に対するアンケート調査

イ　自店のカード会員の利用実績

ウ　住宅地図などの詳細な地図による推定

エ　主要施設からの所要時間や道路の状況

オ　各種統計モデルによる推定

解答欄	ア	イ	ウ	エ	オ

第5問　次のア～オは，リージョナルプロモーションの体系について述べている。正しいものには1を，誤っているものには2を，解答欄に記入しなさい。

4 マーケティング

ア　アトラクティブプロモーションは，プル戦略であり，来店促進策である。

イ　フロアゾーニングは，立寄率の向上をはかるのが目的である。

ウ　インストアプロモーションは，プッシュ戦略であり，販売促進策である。

エ　フロアレイアウトは，回遊率の向上をはかるのが目的である。

オ　インストアマーチャンダイジングは，プット戦略であり，購買促進策である。

解答欄	ア	イ	ウ	エ	オ

第6問　次の文章は，訪日ゲストに対するプロモーションについて述べている。文中の〔　〕の部分に，下記に示すア～オのそれぞれの語群から最も適当なものを選んで，解答欄にその番号を記入しなさい。

　小売店においては，初来日ゲストを代表とする〔ア〕の獲得と，東南アジア諸国のゲストに代表される〔イ〕の取り込み両面からのプロモーション展開が必要である。また，多言語表示の SNS や〔ウ〕を通じた情報発信など，〔エ〕マーケティングや，旅行者が多く利用する〔オ〕の活用に留意する必要がある。

【語　群】

ア〔1．トップ顧客　　2．新規顧客　　3．異文化顧客　　4．交流顧客〕

イ〔1．近隣層　　2．親近層　　3．短距離層　　4．リピーター層〕

ウ〔1．ホームページ　　2．パンフレット　　3．口コミ
　　　4．フリーペーパー〕

エ〔1．ニュー　　2．グローバル　　3．デジタル　　4．双方向〕

オ〔1．店舗　　2．媒体　　3．宿泊施設　　4．案内所〕

解答欄	ア	イ	ウ	エ	オ

第7問　次のア〜オは，手法形状による照明の方法について述べている。正しいものには1を，誤っているものには2を，解答欄に記入しなさい。

ア　間接照明は，建物の壁や天井に光源を埋め込み，反射する光によって明るさを出す照明形式である。

イ　半間接照明は，照明にルーバーやアクリル板，すりガラスなどのカバーをつけたものである。

ウ　直接照明は，床面や商品の陳列面を直接照らす形式である。

エ　半直接照明には，ブラケットライトやペンダントライトなどの器具を用いる。

オ　全般拡散照明は，光を均等に行き渡らせる形式である。

解答欄	ア	イ	ウ	エ	オ

〔解答・解説〕

第1問

【1－3－3－2－2】

　小売業の商品化政策は，顧客ニーズが多様化，個性化し，技術革新が進展する時代においては，そのニーズの変化をきめ細かくとらえることが重要である。小売店頭における商品の売れる期間も年々短くなっており，短サイクル化が進んでいる。

第2問

【4－1－3－4－2】

　顧客満足は，顧客ニーズに対する小売業の充足度合いで決まるものである。顧客ニーズの把握とそれらの解決策を提供し，繰り返し来店する顧客を増やすことや，小売店の評判を高めてくれる顧客を育成することが重要である。

第3問

【1－2－1－1－2】

　フリークエント・ショッパーズ・プログラム（FSP）の考え方は，長期的な視点で顧客とのよい関係をつくり，顧客の忠誠度を高めることにある。一方，ポイントカードの考え方は，単なる割引手段として集客をはかることがねらいである。

第4問

【2－1－1－2－1】

　アは，小売店への来店客や商店街への来街者などに対するアンケート調査である。エは，小売店へのルートにあたる主要道路沿いに車を走らせて，所要時間や道路事情などを勘案しての推定である。

第5問

【1－2－1－2－1】

　イのフロアゾーニングとエのフロアレイアウトの説明が逆である。小売業の
プロモーションは，限定された商圏内の特定多数の顧客を対象として展開する，
売場起点のプロモーションにより顧客を維持し，売上と利益の増加をはかる活
動である。

第6問

【2－4－1－3－2】

　セグメンテーションでの切り口をもとに，インバウンド特有のアプローチの
方法を理解してほしい。インターネットを活用した情報発信を中心として，有
効性を検討することが必要である。

第7問

【1－2－1－2－1】

　イの半間接照明とエの半直接照明の説明が逆である。内容については，照明
の形式の図から具体的に理解をすること。併せて，照明の分類である全般照明，
重点照明，装飾照明についても照明器具のタイプの図で習得してほしい。

5

販売・経営管理

第1章

販売員の役割の基本

1 接客マナー

1－1 接客の心構え

(1) 笑顔や挨拶の重要性

　笑顔や挨拶は，顧客に安心感をもたらします。そのため販売員は，日頃から明るい自然な笑顔ができるようにトレーニングしておく必要があります。自然な笑顔とは，目尻が下がり，口角が上がっている顔です。

　挨拶としてのお辞儀には次の3つの種類があり，状況によって使い分けます。

・15度のお辞儀（会釈）……「かしこまりました」「失礼致します」など，顧客の指示を受けた時やお待たせするときのお辞儀です。

・30度のお辞儀（敬礼）……「いらっしゃいませ」と，顧客を迎える時のお辞儀です。

・45度のお辞儀（最敬礼）……「ありがとうございます」「申し訳ございません」など，お礼やお詫びの時のお辞儀です。

お辞儀の角度の3パターン

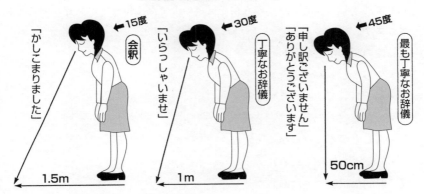

「かしこまりました」　←15度　会釈　1.5m

「いらっしゃいませ」　←30度　丁寧なお辞儀　1m

「申し訳ございません」「ありがとうございます」　←45度　最も丁寧なお辞儀　50cm

(2)　顧客の心理に応じた接客

　顧客の心理はその時々で変化していますので，その心理を読み取った接客が望まれます。構ってほしくない時や，逆に相談したい時など，顧客心理を的確にキャッチすることが必要です。

(3)　そ　の　他

　接客が原因でクレームが発生することもあります。正しい敬語を状況に応じて使えるようにすることや感じの良い話し方，聞き方を身につけることも必要です。

1－2　敬語の基本

　若い顧客ばかりが集まる小売店においても，敬語の基本はしっかりと身につけておく必要があります。また，形だけの敬語では相手に敬意が伝わりません。例えば，顧客の顔を見ずに接客するなど，態度と言葉が対応していないようなケースです。

　顧客の気持ちを察し，しっかりと言葉に耳を傾け，顧客の気持ちを踏まえた上で，敬意を言葉に乗せて表現することが大切です。

敬語は，次のように5種類に分かれます。

　①　尊敬語（「いらっしゃる・おっしゃる」型）

相手（または第三者）の行為・ものごと・状態などについて，その人物を立てて述べるものです。その人物を言葉の上で高く位置づけて述べることになります。

【特定の語形の主な例】

- いらっしゃる（←行く・来る・いる）
- おっしゃる（←言う）
- なさる（←する）
- 召し上がる（←食べる・飲む）
- くださる（←くれる）

【一般的な語形の主な例】

- お（ご）……になる

   ご覧になる（←見る），お召しになる（←着る），お使いになる（←使う）

- ……（ら）れる

   読む→読まれる，来る→来られる

- ……なさる

   利用する→利用なさる

② 謙譲語Ⅰ（「伺う・申し上げる」型）

自分の側から，相手（または第三者）に向かう行為やものごとなどについて，その向かう先の人物を立てて述べるものです。［向かう先］の人物を言葉の上で高く位置づけて述べることになります。

【特定の語形の主な例】

- 伺う（←訪ねる・尋ねる・聞く）
- 申し上げる（←言う）
- 頂く（←もらう）
- お目にかかる（←会う）
- 拝見する（←見る）

【一般的な語形の主な例】

- お（ご）……する

　　お届けする（←届ける），ご案内する（←案内する）

・お（ご）……いただく

　　来る→お越しいただく，読む→お読みいただく

③　謙譲語Ⅱ（丁重語）（「参る・申す」型）

　自分側の行為やものごとなどを，相手に対して丁寧に述べるものです。謙譲語ⅠとⅡの違いは，Ⅰが[向かう先]に対する敬語であるのに対し，Ⅱは[相手]に対する敬語であるという点です。

【特定の語形の主な例】

・参る（←行く・来る）

・申す（←言う）

・いたす（←する）

・おる（←いる）

・存じる（←知る・思う）

【一般的な語形の主な例】

・……いたす

　　利用する→利用いたす

④　丁寧語（「です・ます」型）

　話や文章の相手に対して丁寧に述べるものです。謙譲語Ⅱは，相手側や立てるべき人物の行為については使えませんが，丁寧語は自分側に限らず，様々な内容を述べるのに使えます。

【「形容詞」＋ございます】

・高い　　　→　たこうございます

・おいしい　→　おいしゅうございます

・軽　い　　→　軽うございます

・重　い　　→　重うございます

⑤　美化語（「お酒・お料理」型）

　敬語分類の1つで，話し手の品格を保持する言葉として使われます。

【つけ足し型の例】

お料理，お天気，ご祝儀，ご挨拶など

【言い換え型の例】

水　　→　おひや

めし　→　ごはん

食う　→　食べる　　など

2 クレームや返品への対応

2－1　クレームとその対応

　クレームは，初期の段階で適切に対応しないと大きな問題につながります。販売員は，顧客の心理をよく理解し，対応方法を身につける必要があります。クレームに適切に対応することは，顧客との信頼関係を強化するきっかけにもなります。

(1)　クレームの種類

　大きく次の4つがあります。

・商　　品……汚れ，傷，故障，商品に起因するケガ，また鮮度や品揃えへの不満もあります。

・接　　客……態度・感じ・言葉づかいが悪い，待ち時間が長い，接客順を間違えた，包装が雑など，販売員の言動や接客ミスから生じます。

・施　　設……床が濡れていて滑った，トイレが汚い，照明が暗い，カゴが汚い，などです。

・その他……営業時間やサービスへの不満，価格が高いなどもあります。

(2)　クレーム対応をする際の心構え

　クレームは，顧客にとっても言いづらいものです。それをわざわざ手間隙かけて言っているというのは，店舗を頼りにしている，信頼しているということの裏返しです。そのため販売員としては，嫌な顔をしたり面倒がったりするこ

となく，素直にクレームを聞こうとする姿勢が大切です。なお，すぐに問題を解決できないような場合には，場所を変える（応接室や事務室へ誘導），人を変える（上司に出てもらう），時間を変える（調査して後日伺う）というように，状況を変えると効果的です。

(3)　クレーム対応と改善の手順

言葉づかいや態度に注意が必要です。クレーム対応マニュアルやクレーム対応手順をしっかり確認しておきましょう。また，職場の仲間とロール・プレイングを行うことも有効です。なお，自分で対応できない時は必ず上司の指示を仰ぐようにします。クレーム対応の標準的な手順は以下のとおりです。

①　おわびする

まずは，不快な思いをさせたことに対する心からのお詫びをします。「このたびはご不快な思いをおかけしてしまい誠に申し訳ございません。お話をお聞かせいただけますでしょうか」として，最初の怒りを静めます。クレーマーをクールダウンさせるためにも必要です。

②　よく聴く

早く終わらせたいという気持ちは顧客に敏感に伝わります。特に，「でも」や「ですから」などと相手の意見を否定するようなフレーズは，クレーマーを逆にヒートアップさせてしまうので，使わないようにします。顧客の気が済むまで，特に最初の3分間は，良く傾聴するようにします。そして「このたびは，貴重なご意見をいただきまして，ありがとうございます。」と感謝の言葉を述べます。ここで重要なのは，小さなことでも正確に記録しておくことです。クレーマーがキーポイントにしている言葉などをメモしておくべきです。

③　状況を把握する

おわびと傾聴で，顧客に冷静になってもらった上で状況を把握します。すぐに対応できない場合には，時間をもらって日を改めるようにします。責任の所在を明らかにするために自分の氏名を名乗り，顧客の連絡先（住所・電話番号・氏名）を尋ねます。顧客の個人情報はしっかり管理します。

④ 原因の究明と対応方法を提示する

原因を究明し，顧客に説明するためのデータを揃えます。そして，顧客に納得してもらえる最善の問題解決方法（修理・交換，返品，返金，謝罪など）を提示します。対応するための時間をもらう場合は具体的な時間を伝えます。言葉づかいに対する一般的な目安は以下となります。

言葉づかい	時間の目安
「ただちに」「すぐに」対応いたします。	「5分以内」に対応すること
「のちほど」対応いたします。	「30分以内」に対応すること
「後日」お電話いたします。	「48時間以内」に対応すること

⑤ 全員へフィードバックする

二度と同じクレームが発生しないように，原因と対策について，朝礼やミーティングなどで従業員全員に連絡するようにします。

⑥ 店舗運営を迅速に改善する

クレームを生じさせない改善策について，経営者も含めて検討し，迅速に改善します。

＜クレーム対応と改善の一般的手順＞

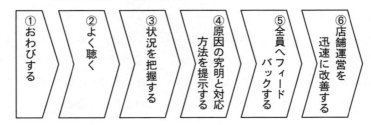

① おわびする 〉 ② よく聴く 〉 ③ 状況を把握する 〉 ④ 原因の究明と対応方法を提示する 〉 ⑤ 全員へフィードバックする 〉 ⑥ 店舗運営を迅速に改善する

```
＜ロール・プレイング＞
　ロール・プレイングは教育方法の1つであり，役割演技法と訳されます。
実際の仕事上の場面を想定し，そこでの役割を演じることで，実務におけ
るポイントを体得する訓練法のことであり，ロープレと略されたりします。
擬似体験として，未知の領域に対する訓練と言えます。
　参加者は，進行係，演技者（顧客役と従業員役など），観察者に分かれ，
ロープレ終了後には観察者を中心に結果を検討します。そして，再度演技
することで問題となるポイントを明確に把握し，全員の共通認識として習
得していきます。
```

2－2　返品とその対応

　顧客は衝動的に商品を購入することも少なくはなく，いざ使おうと思ったら，使えなかったり合わなかったりして返品しようとすることがあります。

　返品を受けるということは，販売ミスでない限り，サービスの一環と考える必要があります。顧客の誤りによって返品を求める時には，原因や販売時の事情をしっかり聞くようにします。その上で，自店の基準に照らし合わせて，適切に対応することが肝心です。

　その後，その返品理由を販売員全員で共有し，店舗運営に反映させるようにします。販売ミス，売り方の問題，POP広告の書き方，接客の仕方などを改善します。返品の要求に適切に対応できれば，顧客との信頼関係を一層強化するきっかけとなります。

(1)　返品発生原因の種類

　返品の原因には大きく次の2つがあります。

・顧客の錯誤……買った後，いざ使おうとしたら形式が違っているなど，顧客の勘違いや知識不足で間違えたり，思い違いがあったりする場合です。
・販売側の錯誤やミス……販売員の勘違い，知識不足，ニーズ把握が不十分，

押し付け販売，説明不足などです。

(2) 返品対応をする際の心構え

返品を受ける基準は，自店の基準に従います。

顧客としても返品の要求は言いづらいものです。それをわざわざ申し立てているのですから，謙虚かつ誠実に顧客の話を聞くことが必要です。顧客のミスによる返品の申し立てもありますが，決して感情的にならず，嫌な顔や面倒がるような態度は慎みます。

販売員は商品に関するプロですので，商品知識に乏しい顧客に対して，求めている商品を適切に販売する責任があることを心がけておいて下さい。

(3) 返品対応の手順

クレームのときと同様な注意が必要です。店舗にある返品対応マニュアルをしっかり確認しておき，ロール・プレイングで試しておくことも有効です。自分で対応できない時は必ず上司の指示を仰ぐようにします。返品対応の標準的な手順は以下のとおりです。

① おわびする

クレーム対応と同様に，まずは不快な思いをさせたことに対する心からのお詫びをします。顧客の心情を理解しておわびし，顧客の話をよく聴くことで，最初の怒りを静めます。

② よく聴き，事実の確認をする

傾聴の姿勢でことにあたります。事実を確認し，自社（自店）の返品基準に沿っているかなどを判断します。自分で判断できない場合には，必ず上司の判断を仰ぎます。

③ 感謝の言葉を述べる

指摘されたことに対して感謝の言葉を述べます。

④ 対応方法を提示する

返品理由，レシートの有無，未使用か，返品期限内か，自店の商品か，開封していないかなどによって変わりますが。納得してもらう方法を提示します。対応方法としては，交換あるいは返金などがあります。

⑤ 再発防止策を検討・実施

　二度と同じようなことが発生しないように，再発防止策を全員で検討・実施します。

＜クレーム対応と改善の一般的手順＞

①おわびする → ②よく聴き，事実の確認をする → ③自社（自店）基準・法基準を確認する → ④感謝の言葉を述べる → ⑤対処方法を提示する → ⑥再発防止策を検討・実施する

＜傾　聴＞

　ビジネス・コミュニケーションでは特に「聴く」ことが重要となります。「きく」という表現は，「聞く」，「訊く」，「聴く」と3つあります。「聞く」は，耳に入ってくるというレベルです。また，「訊く」は問いただすという意味に近く，感じの良い対応とは少し距離があります。

　「聴く」となった場合，その漢字の構成から「耳＋目（横にして）＋心」となり，相手をしっかり目線で捉えながら（アイコンタクト），心を込めて話を聴くことを意味するとされています。ぜひこの「聴く」を心がけて下さい。「私はしっかり聴きました」というサインとしては，「うなずき」ながら，または相づちを打ちながら聴くと良いでしょう。また，相手が話した内容を自分の言葉で繰り返して確認するとなお良いでしょう。

　アイコンタクトですが，相手の目を真っ直ぐ見詰めて話を聴くのは結構大変です。話している相手もプレッシャーを感じます。そこで，相手の口元に目線を持っていって聴くと良いでしょう。見られている方は，決して目線を逸らしているとは感じません。どちらかというとソフトな目線になりますので，快適に話を続けられると思います。また，見ている方にして

も，ガチンコで目線を合わせているときより相当に楽です。ただし，喉元（ネクタイの結び目くらい）まで下がってしまうと，目線が合っていないという感じになりますので注意して下さい。ぜひ一度，親しい友人や家族の方などを相手に実験してみて下さい。

このように，まず相手の話をじっくり聴くという姿勢が，対顧客コミュニケーション，対社内コミュニケーションともに重要です。話す割合は，自分3：相手7くらいのつもりがベストです。

高業績を上げる営業職員は，「立て板に水」の如くしゃべるのではなく，総じて「聴き上手」の人が多いようですよ。

第2章

販売員の法令知識

1 小売業に関する主な法規

1－1　小売業と法律

　小売業に関係する法律には様々なものがあります。以下に主なものを解説します。

1－2　小売業の適正確保に関する法規

(1)　大規模小売店舗立地法（大店立地法）

　従来は，大規模小売店舗法（大店法）が，小売業の事業活動の調整に関する法律として，大型店の出店や営業活動を規制する方向で運用されていました。しかし，規制緩和の流れから，1998年6月に大店立地法が制定され，大店法は廃止されています。

　大店立地法の目的は「大規模小売店舗の立地に関し，その周辺地域の生活環境保持のため，大規模小売店舗を設置する者により，その施設の配置および運営方法について適正な配慮がなされることを確保することにある」とされており，駐車場の確保や騒音の発生防止など大規模小売店舗を設置する者が配慮すべき指針も公表されています。

届 出 者	建物設置者（所有者）	
対象店舗	小売業を行う店舗（生協や農協も対象）	
基準面積	店舗面積1,000㎡超の大型店	
届出事項	店舗の名称および所在地 店舗設置者および小売業者の名称および住所 開店日 店舗面積 駐車場の位置および収容台数 駐輪場の位置および収容台数	荷さばき施設の位置および面積 廃棄物等の保管施設の位置および容量 開店時刻および閉店時刻 来客の駐車場の利用時間 駐車場の出入口の数および位置 荷さばきの時間帯
審査内容	店舗周辺の生活環境の保持	

⑵　中小小売商業振興法

　中小小売商業の振興を図るために制定されています。具体的には，中小小売商業者の組合や会社が行う認定された高度化事業に対する金融上・税制上の助成，一般の小売業の経営近代化への助成，また，フランチャイズ事業に加盟する中小事業者の保護のために，重要な契約事項を事前に説明することを本部事業者に義務づけるなどの施策があります。

⑶　そ　の　他

・商店街振興組合法……共同経済事業（共同仕入，保管，運送，チケット，商品券発行など）と環境整備事業（アーケード，カラー舗装，街路灯，駐車場設置など）があり，2006年6月の改正で，組合運営に関する制度の見直しと共済事業の制限が行われました。

・中心市街地活性化法……少子高齢化，消費生活等の状況変化に対応して，中心市街地における都市機能の増進及び経済活力の向上について，総合的かつ一体的に推進するための法律です。

1－3　事業の許認可に関する法規

以下のような特定の業種については，許認可が必要となっています。

業　　種	許可等	根拠法	内容と主務官公庁
薬局・医薬品の販売	許可	医薬品医療機器等法	所定の要件を備えた上で，都道府県知事の許可が必要。
酒類販売業	免許	酒税法	販売所ごとに所在地の所轄税務署長の免許が必要。
米穀類販売業 （年間20精米トン以上）	届出	食糧法	農林水産大臣への届出が必要。
古物営業	許可	古物営業法	主たる営業所の都道府県公安委員会の許可が必要。取り扱う古物の区分を定めて申請する必要がある。
ペットショップ （第1種動物取扱業者）	登録 （第2種は届出）	動物愛護管理法	都道府県知事又は政令市長への登録が必要。動物管理方法や飼養施設の基準および動物取扱責任者の設置義務がある。
たばこ販売業	許可	たばこ事業法	財務大臣の許可が必要。
飲食店・食品販売店	許可 届出	食品衛生法	都道府県知事の許可が必要。リスクの低い業種については届出。

> **＜古　物＞**
>
> 「古物」は，古物営業法第2条で次のように定義されています。
>
> 「一度使用された物品，もしくは使用されない物品で，使用のために取引されたもの，またはこれらの物品に幾分の手入れをしたもの」となっています。

1－4 販売活動に関する法規

(1) 売買契約などに関する民法の規定

　売買契約は，売り手の商品の引き渡しと顧客の代金支払いという双務契約になります。店舗販売では，引き渡しと代金支払いが同時になります（現実売買）が，予約や手付などによる売買もあります。

・予約……予約の権利を持つ当事者の一方の意思表示で，予約から本契約としての売買契約が成立します（「売買の一方予約」）。ただし，予約期間・期限を決めておくことが必要で，逸脱すると予約の効力は失われます。

・手付と内金……いずれも代金の一部を先に支払う時に生じます。手付の場合，販売側が契約を履行するまでの間，購入側は手付を放棄することで自由に契約を解除できます。販売側は，手付の倍額を支払えば契約解除が可能です。内金の場合，商品代金の一部前払いという解釈となり，手付のような契約解除は認められません。

・委任契約……小売店と卸業者が売買契約を結ぶことなく，小売店が卸業者の商品を販売するような場合，卸業者（委任者）と小売店（受託者）は委任契約の関係となります。

(2) 消費者信用取引

・販売信用……カードで商品を購買するもので，一般的にクレジットと呼ばれます。割賦方式と非割賦方式があり，割賦方式の場合，割賦販売法の適用を受けます。

・金融信用……直接金銭を貸与するもので，一般的にローンと呼ばれます。有担保と無担保，さらに割賦方式と非割賦方式に分かれます。

(3) 割賦販売法

　消費者信用取引に関する秩序維持，および消費者の保護を目的とした法律です。この法律では，クレジット（販売信用）を次の3つに分類しています。

　① 割賦販売

　　小売店が消費者に商品やサービスを販売する際，2ヶ月以上かつ3回払い

以上の分割後払い（リボルビング含む）で代金を受け取ることをいいます。

- 包括方式の割賦販売……小売店が発行するクレジットカードを用いたもの
- 個別方式の割賦販売……クレジットカードを用いず，個別に割賦販売契約を結ぶもの

② 信用購入あっせん

小売店が消費者に商品やサービスを販売する際，クレジット会社が消費者に代わって小売店に代金を支払い，消費者が2ヶ月を超えて（リボルビング含む）クレジット会社に代金を支払うことをいいます。

- 包括方式の信用購入あっせん……クレジット会社が発行するクレジットカードを用いたもの
- 個別方式の信用購入あっせん……クレジットカードを用いず，個別に審査するもの

③ ローン提携販売

小売店が消費者に商品やサービスを販売する際，消費者が金融機関（銀行等）からその代金を借り入れ，分割で返済（2ヶ月以上かつ3回払い以上。リボルビング含む）することを条件とし，小売店が消費者の債務（支払）を保証することをいいます。

また，割賦販売法では，小売店やクレジット会社に販売条件の表示や書面の交付を義務付けており，クーリングオフについても規定しています。

- 小売店の書面交付義務……小売店は，遅滞なく，下記事項を記載した一定の書面を交付する義務を負います。

  商品もしくは権利・役務（サービス）の現金提供価格

  商品の引渡時期，権利の移転時期，役務の提供時期

  契約の解除に関する事項

  その他経済産業省令で定める事項（小売店の名称，契約年月日，商品名，数量など）

- クレジット契約のクーリングオフ……消費者トラブルの大半は，クレジットカードを使用しない「個別方式の信用購入あっせん」です。そこで，ク

レジット契約にクーリングオフ制度が導入されました。クーリングオフの適用期間は，以下のとおりです。

　訪問販売，電話勧誘販売，特定継続的役務提供に係るもの……8日間

　連鎖販売取引，業務提供誘引販売契約にかかるもの……20日間

　なお，自動車，葬儀，化粧品，健康食品，生鮮食料品などは適用除外です。

＜割賦販売，リボルビング，クーリングオフ＞

◇割賦販売

　顧客から商品の販売代金の一部を頭金として受け取り，販売側はそれと引換えに商品を渡し，残金は何回かに分割して受領する販売方式です。消費者側における割賦販売のメリットには，所得が大きくなくても高級品を購入することができる点があげられます。販売側のメリットでは，顧客数の拡大によってコストの引下げが可能となる点，ひいては販売価格を引き下げられる効果があり，後者は消費者側のメリットともなります。ただしデメリットとして，金利負担分や貸倒れリスク等を織り込んだ割高な商品を買わされる点，また割賦金の支払いに追われることになる点などがあげられます。

◇リボルビング

　リボルビングとは，月々あらかじめ決められた金額を支払う方法です。商品購入やキャッシングにおいて，その金額に関わらず一定の金額を払い続けます。月々の支払いを一定にすることができるため，家計管理が容易になるという利点があります。ただし，商品ごとに支払回数やその期間を設定する通常の分割払いと異なり，支払残高がある限り支払いが続くため，どの商品の支払いが終わったのかわかりづらい側面があります。そのため，無計画に利用すると支払残高が増え，支払いが困難になる危険性もあります。

◇クーリングオフ

　割賦販売や訪問販売など特定の取引に限って，契約後も一定期間内なら消費者が一方的かつ無条件で契約を取り消すことができる制度です。頭を冷やして考え直すという意味であり，消費者を救済する制度です。

1−5　商品に関する法規

以下の4つの側面からの法律や規制があります。

(1)　商品の安全確保に関する法規

①　消費生活用製品安全法

　一般消費者に対する危害の発生防止のために，特定商品の製造・輸入・販売を規制しています。

　　a．PSCマーク制度……消費者の生命・身体に対して特に危害を及ぼす恐れが多い製品は，PSCマークが無いと販売できません。この制度には特定製品と特別特定製品があります。

名　　称	マーク	規制対象品目
特定製品	PSC	家庭用圧力鍋および圧力釜，乗車用ヘルメット，登山用ロープ，石油給湯器，石油風呂釜，石油ストーブ
特別特定製品	PSC	乳幼児用ベッド，携帯用レーザー応用装置，浴槽用温水循環器，ライター

　　b．製品事故情報報告・公表制度……消費生活用製品により重大製品事故が発生した場合，そのメーカー・輸入業者は，事故発生を知った日から10日以内に国に報告しなくてはなりません。

　　c．長期使用製品安全点検・表示制度……製品の経年変化による事故を防止するための制度です。

・長期使用製品安全点検制度……メーカーや輸入業者は，標準使用期間や点検期間などの表示を行う必要があり，消費者はユーザー登録の責務と点検を受ける責務があります。

・長期使用製品安全表示制度……扇風機，エアコン，換気扇，洗濯機，ブラウン管テレビのメーカーや輸入業者は，標準使用期間と経年劣化についての注意喚起の表示を行う必要があります。

② 食品表示法

食品表示基準に従った表示がなされていない食品の販売は行えません。表示事項は，名称，保存方法，消費（賞味）期限，原材料名，添加物，内容量，栄養成分，事業者および製造（加工）所の所在地などです。

また同法では，加工食品の栄養表示の義務化，詳細なアレルギー表示，原材料と添加物の区分表示が定められ，さらに健康の維持増進が期待される機能性表示食品の区分も設けられています。

③ 医薬品医療機器等法

従来の薬事法を改正し，添付文書の届出義務の創設，医療機器の登録認証機関による認証範囲の拡大，再生医療等製品などの規定を盛り込んだ形で施行されています。また，薬剤の容器もしくは梱包に，薬剤の名称，有効成分の名称，用法と用量，効能または効果などの表示が義務付けられています。

④ 製造物責任法（PL法）

製品の欠陥により，消費者が生命，身体，財産上の被害を被った場合に，事業者に損害賠償を負わせることを目的としています。被害者は，製品の欠陥の存在，損害内容，因果関係の3つを証明すればよいとされています。

(2) 安全な食生活と法制度

① 有機食品の検査認証・表示制度

国際食品規格委員会（コーデックス委員会）の「有機食品に関するガイドライン」に適合したものです。認定事業者により「有機JASマーク」が付されたものでなければ，「有機」，「オーガニック」などの表示ができません。

＜国際食品規格委員会＞

1963年に国際連合食糧農業機関（FAO）と世界保健機関（WHO）によって設立された，食品の国際基準（コーデックス基準）を作る政府間組織です。その目的は，消費者の健康を保護するとともに，食品の公正な貿易を促進することです。2011年7月現在，184カ国およびEUが加盟しています。一般的にコーデックス委員会（略称CAC）と呼ばれていますが，それはラテン語の「食品法典」を意味するCodex Alimentariusに由来しています。

厚生労働省のHP（http://www.mhlw.go.jp/topics/idenshi/codex/）より引用

② 遺伝子組換え食品の表示制度

食品安全委員会で審査を受けていない遺伝子組換え食品は，輸入や販売などが禁止されています。これまで安全性審査を経たものは農作物8作物（トウモロコシ，ジャガイモ，大豆，てんさい，なたね，わた，アルファルファ，パパイヤ）と食品添加物9品目です。農産物の8品目と，それらを原材料とする加工食品33食品群などが表示義務の対象となっています。

③ 賞味期限と消費期限

加工食品では，以下のように賞味期限か消費期限のどちらかが表示されます。

	賞味期限	消費期限
定　　義	期待されるすべての品質の保持が十分に可能と認められる期限を示す年月日。	腐敗等により安全性を欠く恐れがないと認められる期限を示す年月日。
意味	袋や容器を開けないまま，記載の保存方法で保存していた場合において，その年月日まで，→	
	→「品質が変わらずにおいしく食べられる期限」のことである。この期限を過ぎても食べられないわけではない。	→「安全に食べられる期限」のことである。この期限を過ぎたら食べない方が良い。
表示方法	年月：3ヶ月を超えるもの。 年月日：3ヶ月以内のもの。	年月日で表示。
対象食品	劣化が比較的遅いスナック菓子，カップめん，缶詰など。	劣化が早い弁当，サンドイッチ，生めんなど。

(3)　商品の計量に関する法規

① 商品の計量は法定計量単位で行う

商品の計量は，法定の計量単位で示さなければなりません。

② 計量器は検定印のあるもの

商品の計量は，検定証印が付された有効期間内の計量器を使用する必要があります。また，一定のものは定期検査を受ける必要があり，合格すると定期検査済証印が付されます。

検定証印

③ 商品の計量は正確に行う

政令で定められた商品（特定商品）は許可された誤差（＝量目公差）を超えないように計量する必要があります。

(4)　商品の規格及び品質表示に関する法規

国や業界団体は，消費者が品質の良い商品を安心して購入できるように規格化を行っています。その目的は，正確にバラツキのない品質の商品を効率的に提供することです。

① 標準品や規格品であることを示すマーク

名　称	マーク	概　要
JIS マーク		工業標準化法にもとづく。取引の単純化，製品の互換性，安全・安心の確保，公共調達などに大きく寄与している。
JAS マーク		JAS 法にもとづく。JAS 規格の品質を満たす食品や林産物などに付与される。
特定 JAS マーク		JAS 法にもとづく。特色のある品質や JAS 規格を満たす特別な生産や製造方法の食品に付与される。
特定保健用食品マーク		健康増進法，食品衛生法にもとづく。製品ごとに，有効性や安全性について国の許可が必要。
PSE マーク		電気用品安全法にもとづく。定められた機関で試験を行ったうえで，特定電気用品に表示される。
PSE マーク		電気用品安全法にもとづく。メーカーや輸入業者が自ら安全性を確認したうえで，特定電気用品以外の電気用品に表示される。
BL マーク		優良住宅部品認定制度にもとづく。安全で快適な住まいづくりのために，品質・性能・アフターサービスに優れていると認定された住宅部品に付される。

② 家庭用品の品質表示

事業者に品質表示を適正に行うことを要請し，消費者利益を保護すること
を目的として，「家庭用品品質表示法」が制定されています。対象品目は，
繊維製品，合成樹脂加工品，電気機械器具，雑貨工業品のうち，消費者が購
入に際して品質の識別が困難で，識別する必要性の高いものが指定されてい
ます。

1－6 販売促進に関する法規

「不当景品類及び不当表示防止法」（景品表示法）によって，以下の規制が定
められています。

(1) 不当景品類の規制

取引に付随した景品類の提供が規制されています。（なお，取引に付随しな
い場合はオープン懸賞となり，独占禁止法が適用されます。）

- 総付（ベタ付）景品……取引に付随した提供で，懸賞によらない場合です。
  景品類の限度額は，取引価額1,000円未満は200円，1,000円以上は取引価額
  の10分の2です。

  商品購入者全員への提供，購入しなくても全員への提供（チラシ持参など），
  申込み順や先着順での提供，購入価額に応じたスタンプの提供，一定期間の購
  入額合計に応じた提供，などが該当します。また，割引券の発行も該当すると
  されています。

- 一般懸賞……単独事業者が，取引に付随して，懸賞によって景品類を提供す
  る場合です。景品類の限度額は，取引価額5,000円未満は取引価額の20倍，
  5,000円以上は10万円です。また，景品類の総額は，懸賞に関わる売上予定
  総額の2％以内とされています。

- 共同懸賞……事業者が共同して，取引に付随して，懸賞によって景品類を提
  供する場合です。限度額は，取引価額に関わらず30万円であり，また景品類
  の総額は，懸賞に関わる売上予定総額の3％以内とされています。認められ
  るのは，a）一定地域で小売・サービス業者の相当数が共同して行う場合，

b）一商店街の小売・サービス業者の相当多数が共同して行う場合（年3回，かつ年間70日間が限度），c）一定地域で同業者が相当多数共同して行う場合，の3つです。

(2)　不当な表示の防止

具体的な禁止事項が定められており，都道府県知事または消費者庁長官による指示や立入り検査，消費者庁長官による措置命令などが盛り込まれています。

・商品の品質，規格その他の内容についての不当表示（優良誤認表示）……商品内容などについて，実際よりも著しく優良であると表示することです。麻混用率が70％であるにもかかわらず，「麻100％」と表示したり，他国製造品に「伝統的工芸品」と表示したりするようなケースです。

・商品の価格その他の取引条件についての不当表示（有利誤認表示）……取引条件について，実際よりも著しく有利であると表示するようなことです。優待しないのに優待ディナーと表示したり，購入者すべてを当選とし，告示本数以上の当選者を出したりするようなケースです。

・二重価格表示……不当な二重価格は，12,000円の商品を10,000円で販売する時に，「通常20,000円を10,000円で販売」や「市価の半値」と表示するようなケースとされています。

2 環境問題と消費生活

2－1　環境基本法（1993年11月）

(1)　目　　標

「循環」，「共生」，「参加」，「国際的取組み」を実現する社会の構築とされています。

(2)　具体的対策

大気・水・土壌・地盤の環境保全，廃棄物・リサイクル対策，化学物質の環

境リスク対策，技術開発に関した環境配慮および新たな課題，が掲げられています。

(3) 販売活動との関わり

環境に配慮した商品やサービスの提供を優先させる販売努力，過剰包装の撤廃や包装容器の積極的なリサイクル活動への取組み，店舗のゴミ減量化対策などの面においてのきめ細かな活動が求められます。

2−2 　各種リサイクル法と販売店の課題

次の3つは消費生活に最も身近な法制度です。特に，ゴミの減量化は優先課題です。よって，流通関係者には，環境活動の具体的な実践項目や指針の明確化，個々の工夫や行動項目の提示，パートタイマー・アルバイト店員の教育，消費者への協力の呼びかけや環境に優しい活動などの情報提供などが求められています。

(1) 容器包装リサイクル法

正式名称は「容器包装に係る分別収集および再商品化の促進等に関する法律」であり，1995年6月に公布されています。①ガラス瓶，②PETボトル，③紙製容器包装，④プラスチック製容器包装，⑤アルミ缶，⑥スチール缶，⑦紙パック，⑧段ボールの8品目が分別対象となりますが，⑤〜⑧についてはすでに市場で円滑なリサイクルが進んでおり，再商品化義務の対象とはなっていません。

スチール缶
（飲料缶）

アルミ缶
（飲料缶）

PETボトル
（飲料、醤油用）

紙製容器包装
（ダンボールやアルミを
使用していない飲料用
紙パックを除く）

プラスチック製容器包装
（飲料、醤油用
PETボトルを除く）

(2)　家電リサイクル法

　正式名称は「特定家庭用機器再商品化法」であり，2001年4月から4種類の家庭電気製品（冷蔵庫，テレビ，エアコン，洗濯機）の回収が義務付けられました。さらに2004年には冷凍庫が，2009年には液晶テレビ，プラズマテレビ，衣類乾燥機がその対象に加わりました。これら廃家電4品目（冷蔵・冷凍庫，ブラウン管・液晶・プラズマテレビ，エアコン，洗濯機・衣類乾燥機）については，再商品化が求められます。再商品化とは，廃家電の部品や材料を分解・分離し，製品の部品や原材料として再利用することです。リサイクル処理により，鉄，銅，アルミニウム，ガラス，プラスチックなどが有価物（再利用価値のあるもの）として回収されます。

　この法律では，消費者には小売業者への引渡しと費用の負担が，小売業者には以下の4項目が，製造業者には小売業者からの引取りとリサイクルが義務付けられています。

　＜小売業者の役割＞

① 消費者からの引取り義務……廃家電4品目について，過去に販売したもの，または新たに販売するときに，上記品目の引取りを求められたときは引き取る義務があります。

②　製造業者（家電メーカー）への引渡し義務……廃家電4品目を引き取った場合，原則として対象機器の製造業者に引き渡す義務があります。

③　収集・運搬料金の公表と請求およびリサイクル料金の請求……廃家電4品目の収集料金と運搬料金については，あらかじめ公表しなければなりません。それぞれの料金は，小売店ごとに異なることになります。

④　家電リサイクル券の発行・3年間の保存……廃家電を引き取る場合，「家電リサイクル券」を発行し，写しを消費者に交付しなくてはなりません。家電リサイクル券は，廃家電が小売業者から製造業者に適切に引き渡されることを確保するためのものであり，適正な運用・管理が必要となります。消費者は，家電リサイクル券をもとに，自分が廃棄した廃家電について，小売業者と製造業者に確認を求めることができ，小売業者と製造業者はこの問い合わせに返答する義務があります。

(3)　食品リサイクル法

正式名称は「食品循環資源の再生利用等の促進に関する法律」であり，2001年5月から施行されています。食品の製造・加工・卸・小売業，飲食店を対象（食品関連事業者）とし，食品廃棄物の発生の抑制や減量，再生利用などを促進する法律です。

食品廃棄物の再生利用に取り組む優先順位は次のようになります。

①　製造，流通，消費の各段階で，食品廃棄物そのものの発生を抑制する

②　再資源化できるものは，飼料や肥料などへの再生利用を行う

③　再生利用が困難な場合に限り，熱回収をする

④　再生利用や熱回収ができない場合，脱水・乾燥などで減量し，適正処理を容易にする

再生利用への取組みでは，個々の食品関連事業者に実施率目標（基準実施率）が設定されており，毎年その基準実施率を上回ることが求められています。

2－3 環境影響評価・環境関連事業の推進

(1) 環境影響評価など，その他の法制度

公害発生や環境破壊防止のために，1997年に「環境影響評価（環境アセスメント）法」が制定されました。他には，ビール瓶の引取り時にお金が戻ってくる「預託払戻制度（デポジット・リファンド・システム）」などがあります。

(2) エコマーク事業（環境ラベリング制度）

消費者の環境に配慮した消費活動を促進するために，公益財団法人日本環境協会が推進しています。次の例のように，環境負荷が少なく，環境保全に役立つと認定された場合，商品にエコマークが付与されます。

① 他の同様の商品に比べて，製造，流通，使用，廃棄，リサイクルなどの段階で環境負荷が相対的に少ないこと……古紙パルプの配合割合を多くすることで，蛍光増白剤を少なくした印刷用紙など

② その商品の利用で，他の原因による環境負荷を低減させることができるなど，環境保全に寄与すること……生ごみ処理機やリターナブル容器など

＜公益財団法人日本環境協会＞

1977年3月に環境省所管のもと設立されました。その目的は「国内及び国外における環境保全に関する調査研究を行うとともに，環境保全に関する知識の普及等を図り，もって豊かな人間環境の確保に寄与すること」とされています。

公益財団法人日本環境協会のHP（http://www.jeas.or.jp/）より引用

---

(3) グリーンマーク事業

公益財団法人古紙再生促進センターが推進しています。社会環境の緑化推進や古紙の再利用促進のために，原則として古紙を40％以上原料に利用した紙製品にマークを付与しています。

エコマーク

グリーンマーク

＜公益財団法人古紙再生促進センター＞

　1974年3月に設立された公益法人です。その目的は，「古紙の回収・利用の促進を図ることにより，生活環境の美化，紙類の安定的供給の確保と森林資源の愛護に資し，もってわが国経済の健全な発展と豊かな国民生活の維持に貢献すること」とされています。

公益財団法人古紙再生促進センターのHP（http://www.prpc.or.jp/）より引用

⑷　国際エネルギースタープログラム

　オフィス機器の省エネルギーを推進するために，1995年10月から国際エネルギースタープログラムが実施され，現在では世界9カ国・地域で実施されています。

　コンピュータ，プリンタ，スキャナ，ディスプレイ，複写機，複合機，ファクシミリ，デジタル印刷機が対象となり，製品の稼働，スリープ，オフ時の消費電力などについて，一定の省エネ基準を満たす製品に「国際エネルギースターロゴ」の使用が認められています。

2－4　環境規格とビジネス活動

(1)　環境規格（ISO14000シリーズ：環境管理・監査の国際規格）

　環境問題を企業経営面から捉えたもので，全社的観点からの環境マネジメントシステム構築のための規格です。

(2)　環境に配慮したビジネス活動

　流通業界でも，ISO14000シリーズの取得や商店街による環境保全活動など，環境に配慮した活動事例が近年では増加してきています。

<環境マネジメントシステム>

　環境マネジメントシステムとは，製品にマークを貼るような事業とは違い，経営管理そのものに環境保全の活動を組み入れるものです。一般的に良く知られているのが，本文で説明を行っている「ISO14000シリーズ」です。これは，スイスのジュネーブに本部を置く「国際標準化機構」（国際的な標準規格を策定するための非営利団体）が定めた，環境に関するマネジメントシステムの規格です。「ISO9000シリーズ」という品質マネジメントシステムも含め，「P（Plan＝計画）→D（Do＝実行）→C（Check＝検証）→A（Action＝見直し）」というPDCAサイクルに従って業務を進めることが重要とされています。なお，「ISO」は，International Organization for Standardization の略と，ギリシャ語の「isos」（標準，均質）とを組み合わせた略称です。

〔参考文献〕「ISO14001・14004環境マネジメントシステム＜対訳＞」

　　　　　　　　　　　　　　吉澤　正監修　財団法人日本規格協会

第3章

小売業の計数管理

1 販売員に求められる計数管理

1－1 計数管理の必要性

計数管理とは，店舗の売上や利益などを具体的な数字で表現し，それを用いて店舗の経営を管理していくことです。

例えば，「先月は忙しかった」というイメージを持つだけなら，それは売れたせいなのか，スタッフ不足のせいなのか不明であり，ましてや売上や利益の動きはわかりません。

そこで，例えば「売上高」という数字で先月と今月の実績を表現できれば，誰が見ても一目瞭然であり，共通認識を持つことができるのです。

1－2 利益の構造

売上高と利益の構造は，次図で示されます。

売 上 高				
売上原価	① 売上総利益（粗利益高）			
	販 管 費	② 営 業 利 益		
		営業外損益	③ 経 常 利 益	
			特別損益	④ 税引前当期純利益
				法人税等 ⑤ 当期純利益

① 売上総利益：全費用を賄う，大元の利益

売上総利益（粗利益高）＝売上高－売上原価

② 営業利益：本業で儲けた利益

営業利益＝売上総利益（粗利益高）－販売費及び一般管理費（販管費）

③ 経常利益：営業外の活動も加えた企業全体で儲けた利益

経常利益＝営業利益±営業外損益

④ 税引前当期純利益：法人税等を確定するための利益

税引前当期純利益＝経常利益±特別損益

⑤ 当期純利益：最終的に手元（会社）に残る利益

当期純利益＝税引前当期純利益－法人税等

小売業の計数管理では，まず売上高の目標を立てることが重要であり，続いて売上総利益（粗利益高）の目標を立てることになります。

販売員は，その目標を受けて，売場でできることを具体的に考える必要があります。例えば，商品の品質や鮮度，欠品の状況，価格表示の正確性，楽しい売場なのかなど，利益のヒントを売場から見出すよう心がけることが必要です。

▌2 売上高・売上原価・売上総利益（粗利益）の関係

2－1　売　上　高

(1)　売上高とは

売上高は，顧客の視点で見た場合には，次の計算式で表現されます。

〔売上高＝買上客数×客単価〕

このことから，売上高を増やすためには，買上客数か客単価のどちらか，あるいは両方を増やすことが必要となります。

⑵ 売上高を増やすには

① 買上客数の増加

〔買上客数＝入店客数×買上率〕

「入店客数」は入店された顧客の総数であり，「買上率」は入店客のうち実際に購入した顧客の比率です。

よって，買上客数を増やすには，次のような取り組みが必要になります。

・入店客数を増やす

・買上率を高める

② 客単価の増加

〔客単価＝買上点数×１品当たり平均単価〕

「買上点数」とは顧客１名当たりの購入点数であり，「１品当たり平均単価」は購入された商品１個当たりの平均価格となります。それぞれ以下の計算式で算出します。

買上点数＝総買上点数÷買上客数

１品当たり平均単価＝売上合計額÷買上点数

客単価を増やすには，次のような取り組みが必要になります。

・１人当たりの買上点数を増やす

・１品当たり平均単価を上げる

【売上高を規定する要因】

客　数（＝入店客数×買上率）

売上高　＝　　×

客単価（＝買上点数×１品当たり平均単価）

③ 客単価アップの重要性

買上客数を増やすか，客単価を増やすかについて，どちらが取り組みやすいか考えます。

ⅰ．条件……買上客数＝300人，客単価＝400円，

１人当たり平均買上点数＝４点

ⅱ．現在の売上高＝12万円〔300人×400円（＠100円×４点）〕

ⅲ．1人当たり平均買上点数を1点増やすことができた場合の売上高

売上高＝300人×500円（＠100円×5点）＝15万円

ⅳ．客単価を変えずに，15万円の売上高を得るために必要な買上客数

買上客数＝15万円÷400円（＠100円×4点）＝375人

現在より買上客数を75人増やす必要がある。

　一般的には，買上客数を増やすより，1人当たりの買上点数を増やす方が取り組みやすいといえます。まずは客単価の増加を，次に買上客数の増加に取り組むことが妥当といえます。

2－2　売上総利益（粗利益）

(1)　売上総利益（粗利益高）とは

　売上高から売上原価（仕入額）を差し引いた利益が売上総利益（粗利益高）であり，次の計算式で表現されます。

〔売上総利益（粗利益高）＝売上高－売上原価〕

　また，この売上総利益（粗利益高）が売上高に対してどのくらいの割合になっているかを示すのが売上高総利益率（粗利益率）であり，次の計算式で表現されます。この値は，高ければ高いほど良好です。

$$\left[売上高総利益率（粗利益率）＝\frac{売上総利益（粗利益高）}{売上高}×100（\%）\right]$$

　例えば，125円で仕入れた商品を200円で販売した場合は

・売上総利益（粗利益高）＝200円－125円＝75円

・売上高総利益率（粗利益率）＝75円÷200円＝37.5%　となります。

(2)　値入高と売上総利益（粗利益高）の違い

　仕入原価に必要な利益を乗せて売価（＝販売価格）を決めることを「値入れ（ねいれ）」といいます。125円で仕入れた商品に75円の値入れをすれば，売価は200円になります。この75円を「値入高」と呼びます。

　値入高は，予定する利益額であり，実際に得られる利益とは相違します。その理由は，販売活動の実施中には，値下げ・廃棄・万引などのロスが生じるか

らです（ロス高については後述）。

　以上から，予定する利益は「値入高」，販売活動の結果として得た利益は「売上総利益（粗利益高）」となります（次図参照）。

＜値入高と売上総利益（粗利益高）＞

仕入時点（販売前）		販売時点（販売後）	
			ロス高
	値入高 （予定した利益）		売上総利益 （結果の利益）
		販売活動 ⇒	
	仕入原価		売上原価

（左：↑売価↓　右：↑売上高↓）

(3)　値入高と値入率

　売上高総利益率（粗利益率）と同じように，値入高にも「値入率」の考え方があります。計算式は，次のとおりです。

$$〔値入率＝\frac{値入高}{売価}×100（\%）〕$$

　例えば，150円で仕入れた商品の売価を250円とした場合は

- 値入高＝250円－150円＝100円
- 値入率＝100円÷250円＝40.0％　となります。

(4)　値下と売上総利益の関係

　値下して販売すると，売上総利益（粗利益高）は値入額より少なくなります。以下に，例を用いて確認します。

　＜仕入段階の状況・計画＞

　　仕入単価＝500円，売価800円（値入額300円），販売予定数量10個

　　仕入原価＝5,000円，売価＝8,000円，値入高＝3,000円

＜商品汚損による値下げの実施＞

　商品 8 個は計画どおり販売，しかし商品 2 個が汚損し，200円値下げして販売

＜販売終了後の結果＞

　売上高800円×8個＋600円×2個＝7,600円

　売上原価＝5,000円

　売上総利益（粗利益高）＝7,600円－5,000円＝2,600円

　このように，売上総利益（粗利益高）は，当初の値入高に比べて400円，つまり値下高400円分（200円× 2 個）だけ少なくなってしまいました。

　また，値入率が〔3,000円÷8,000円＝37.5％〕であったのに対し，売上高総利益率（粗利益率）は〔2,600円÷7,600円＝34.2％〕と低下しています。

　この事例では値下げでしたが，万引や廃棄などが生じても，同様に売上総利益（粗利益高）は減少します。よって，目標とする売上総利益（粗利益高）を確保するには，このようなロスをゼロに近づける工夫や取り組みが必要なのです。

2 － 3　売 上 原 価

(1)　売上原価とは

　売上原価とは，仕入金額のうち，実際の売上に使用した分を意味します。

　例えば， 1 個50円のオレンジを20個仕入れたら仕入金額は1,000円です。それを 1 個80円で15個販売したら，売上高は1,200円となります。

　このときの売上原価は，売上高1,200円を生み出すために使用した15個分，つまり750円です。残りの 5 個（ 5 個×50円＝250円）は，在庫になります。

| 仕入金額＝1,000円 | 売上原価＝750円 | ← 売上に使用した分 |
| | 在庫＝250円 | ← 売上に未使用 |

⑵　正確な売上原価の把握

売上原価の算出式は，次のとおりです。

〔売上原価＝期首在庫高＋期中仕入高－期末在庫高〕

それぞれの言葉の意味は，次のようになります。なお，決算期間を4月1日〜3月31日としておきます。

- ・期首在庫高：期首，つまり4月1日時点の在庫金額の総合計
- ・期中仕入高：4月1日から翌年3月31日までに仕入れた仕入金額
- ・期末在庫高：決算期末の3月31日時点の在庫金額の総合計

大雑把な例で確認しましょう。期首の4月1日に仕入単価50円のオレンジが20個あり，期末の3月31日まで販売活動を行いました。期中における仕入れは50円の単価で変わらず，期中の仕入数量は300個でした。期末の3月31日の在庫を調べると，42個残っていました。

この場合の売上原価は，先ほどの計算式を用いて次のように算出できます。

〔売上原価＝期首在庫高（50円×20個＝1,000円）

　　　　　　＋期中仕入高（50円×300個＝15,000円）

　　　　　　－期末在庫高（50円×42個＝2,100円）＝13,900円〕

売上原価は売上に使用した分なので，数量についても上式から求められます。つまり，20個＋300個－42個＝278個です。

もし，このオレンジに30円の値入れを行い，販売単価80円で全て売ったのなら，売上高は22,240円（80円×278個）となり，売上総利益（粗利益額）は8,340円（売上高－売上原価＝22,240円－13,900円）になります。

その場合の1個当たりの売上総利益（粗利益額）は30円（8,340円÷278個）となり，1個当たりの値入額30円と一致します。

期首在庫高 （50円×20個＝1,000円）	売上原価 （50円×278個＝13,900円）
期中仕入高 （50円×300個＝15,000円）	期末在庫高 （50円×42個＝2,100円）

　多くの小売店には，POS システムが入っているので，販売データを見れば，こんな面倒な計算無しに売上原価はすぐにわかるというのは間違いです。なぜなら，POS は，万引された数量や廃棄した数量は数えていないからです。

(3) 棚　　　卸

　上記のように，正確な売上原価を算出するには，期末の在庫数量を確定させる必要があります。これを棚卸といい，帳簿上で行うものを帳簿棚卸，実際に店舗や倉庫で品目ごとに数量を数えて確定させる作業を実地棚卸といいます。通常，「棚卸」という場合には，ほとんどが実地棚卸のことを指しています。

　棚卸作業によって初めて正確な売上原価が算出でき，売上総利益（粗利益高）が確定できるため，棚卸は小売店にとって不可欠な作業なのです。

2−4　ロ　ス　高

　ロス高とは，当初予定の売価と，結果の売上高との差額を指します。小売業では，ロスをいかに削減するかが課題です。

- 値下ロス（値下高）：仕入段階の売価を引き下げることで生じるロスです。需要予測ミスなどによる売れ残りの処分などのときに発生します。
- 廃棄ロス：鮮度の低下，あるいは汚損や破損などにより廃棄処分したロス額です。この場合は，その商品の仕入原価の全額が損失になります。
- 不明ロス：原因不明のロスです。多くの場合は，実地棚卸によって判明します。外的要因として万引や盗難，内的要因としてはレジでの登録ミス，商品検品時のミス，従業員の不正などが考えられます。

ロス高およびロス率の計算式は，次のとおりです。

　　〔ロス高＝売価−売上高〕

　　$\left[\text{ロス率} = \dfrac{\text{ロス高}}{\text{売上高}} \times 100 \ (\%) \right]$

2－5　商品の効率

(1)　適正な在庫の保有

　在庫は，多過ぎても少な過ぎても小売店の経営に悪影響を及ぼします。例えば，在庫が少なすぎると，欠品の発生率が高まり，販売機会のロスにつながったり，生産性が低下したりする事態を招きかねません。逆に，在庫が多すぎると，品質の劣化や流行遅れになる可能性があり，結局廃棄せざるをえない事態になり，ロスを生み出す可能性が高まります。

　小売業は，資金を有効活用して適正な利益を確保することが重要です。そのためには，在庫が利益の源泉になるよう管理する必要があります。必要なだけの在庫量を「適正在庫」といいます。

(2)　商品回転率

　商品回転率とは，1年間のうちに，仕入れた商品が何回転したかを示す指標であり，小売業の販売効率を表す指標の1つです。

　計算式は次のとおりであり，単位は「回（回転）」，高い数値ほど良好です。

$$\left[\text{商品回転率} = \frac{\text{売上高}}{\text{平均在庫高（売価）}}（\text{回}）\right]$$

　平均在庫高の求め方は，次の3つの方法が一般的です。

a．（期首在庫高＋期末在庫高）÷2	最も簡単。在庫変動が少ない場合は最適。
b．毎月末の在庫高合計÷12か月	正確性も高まり、実務的にも使いやすい。
c．毎週末の在庫高合計÷52週間	一層正確であるが、棚卸作業が大変。

　上記のaの方法により，具体的な例で理解を深めましょう。

　　＜期首在庫高＝130万円，期末在庫高＝110万円，年間売上高＝2,880万円＞

　　☞　商品回転率＝2,880万円÷{（130万円＋110万円）÷2}＝<u>24（回）</u>

　1年間で24回商品が入れ替わっていること，さらにいうと1か月に2回入れ替わっていることを意味します。それによって，年間売上高の2,880万円を生み出しているわけです。

(3)　在 庫 日 数

在庫日数とは，店舗にある商品在庫は，何日分の売上高に該当するのかを示します。今の在庫量は，何日でなくなるのかがわかります。

$$〔在庫日数＝\frac{現在の保有在庫高（売価）}{1日の平均売上高}（日）〕$$

※1日の平均売上高＝売上高÷営業日数

例えば，8月1日時点の在庫高が150万円で，年間売上高が3,650万円，営業日数が365日だとすると，150万円÷（3,650万円÷365日）＝15日分となります。

2－6　売上総利益と営業利益の関係

(1)　営業利益とは

小売店の本業は，商品の販売です。売るための仕入が売上原価であり，販売のための費用は販売費，お店を管理していく費用が管理費です。

営業利益は，売上高から売上原価を差し引いた売上総利益（粗利益額），そこから販売費及び一般管理費を差し引いた残りになります。つまり，営業利益は本業の儲けを意味します。営業利益が赤字であれば，本業で儲けられないということであり，経営の在り方そのものに問題があるといえるでしょう。

売上高に対する営業利益の割合を示す指標として，「売上高営業利益率」があります。数値は，高いほど良好となります。

$$〔売上高営業利益率＝\frac{営業利益}{売上高}×100（\%）〕$$

(2)　販売費及び一般管理費とは

販売費及び一般管理とは，従業員の給料など人件費，店舗家賃，水道光熱費，広告宣伝費，消耗品費，その他各種の経費などの総称です。

本業の儲けである営業利益を最大化するには，売上高や売上総利益（粗利益高）に対する販売費及び一般管理費の割合を低減させることが欠かせません。

3 実務における計算

3－1　消費税の基本

(1)　消費税とは

　消費税とは，商品やサービスを消費した時にかかる税金です。消費税を支払うのは消費する消費者ですが，消費税を納めるのは消費者から税金を預かっている事業者となります。

　このように，税金を「支払う人」と「納める人」が異なる税金を間接税と呼びます。

(2)　内税と外税の違い

　商品やサービスの代金について，消費税が含まれている場合は「内税」や「税込み」と表示され，含まれていない場合は「外税」や「税抜き」と表示されます。

3－2　消費税の計算

　実務的な消費税の計算では，次の4パターンを理解しておく必要があります。

　以下では，消費税率10％として説明します。

(1)　税抜き（外税）商品の消費税の計算

　表示が「250円（税抜き）」という場合の「消費税額」を求めましょう。

　〔消費税額＝税抜き商品価格×消費税率〕

　　☞　消費税額＝250円×0.1(10％)＝<u>25円</u>

(2)　税抜き（外税）商品の税込み価格の計算

　表示が「250円（税抜き）」という場合の「税込み商品価格」を求めましょう。

　〔税込み商品価格＝税抜き商品価格×（1＋消費税率）〕

　　☞　税込み商品価格＝250円×（1＋0.1）＝<u>275円</u>

⑶　税込み（内税）商品の消費税の計算

　表示が「275円（税込み）」という場合の「消費税額」を求めましょう。

　〔消費税額＝税込み商品価格÷（1＋消費税率）×消費税率〕

　　☞　消費税額＝275円÷1.1×0.1＝<u>25円</u>

　税込み商品価格は，本体価格の1.1倍になっています。よって，税込み価格を1.1で割れば本体価格が出ます。それに消費税率の0.1を乗じれば，消費税額が算出できます。

⑷　税込み商品の税抜き価格（本体価格）の計算

　表示が「275円（税込み）」という場合の「税抜き商品価格」を求めましょう。

　〔税抜き商品価格＝税込み商品価格÷（1＋消費税率）〕

　☞　税抜き商品価格＝275円÷（1＋0.1）＝<u>250円</u>

第4章

店舗管理の基本

1 金券類の扱いと金銭管理の基本知識

1-1 金券とは何か

金券とは，現金ではないが，現金に準じて用いられるものの総称です。例えば，商品券，図書カード，ギフト券などであり，今日では様々な種類の金券が年々増加しています。

小売店では，厳格なルールに基づいて金券管理を行うことが必要です。

1-2 代金支払の方法の種類

(1) 現 金

中央銀行（日本銀行）が発行する紙幣や政府が発行する硬貨であり，一般的な代金支払方法です。

(2) 各種商品券やギフト券

企業，百貨店，団体等が発行します。小売店が商品券で支払を受けた場合は，発行会社に持参して現金に換金します。

(3) 小 切 手

小切手とは，ある銀行に預金口座（当座預金）を持つ顧客が，「この小切手を持参した者に，預金口座の残高から，この小切手に書いてある金額を減額し，持参した人にその金額と同額の現金を渡すこと」を銀行に依頼する金券です。

　銀行に支払請求するための小切手の呈示期間は，小切手振出日の翌日から10日間となっています。

(4)　クレジットカード

　クレジット会社の会員である顧客が利用します。商品代金は，クレジット会社から小売店に支払われ，クレジット会社は会員から回収するしくみです。

(5)　デビットカード

　一般的には銀行のキャッシュカードが使われており，小売店は店頭で銀行に確認して顧客の預金残高から代金を引き落とすというしくみです。顧客の預金残高が足りない場合は銀行から連絡が入り，小売店は取引を拒否することができます。

(6)　電子マネー

　現金を使用せず，電子データのやり取りで決済するもので，貨幣価値をデジタルデータで表現したものです。IC カード型電子マネーは，プラスチックカードや携帯電話に IC チップを埋め込んで，事前に貨幣価値をチャージ（入金）することで繰り返し利用できるものです。ネットワーク型電子マネーは，専用のソフトウエアを用いてコンピュータ上に電子的な財布を設置し，そこから金融機関を経由して支払うものです。

　代表的なものとして，交通系では Suica（スイカ）や PASMO（パスモ），商業系では Edy（エディ），nanaco（ナナコ），WAON（ワオン）などがあります。

＜小切手について＞

　小切手の関連知識として補足説明しておきます。小切手は，小切手法に基づいた有価証券であり，記載事項や記入方法についての定めがあります。本文でも触れたように，振出人（支払う人）の署名，捺印をすること，金額の正しい記載方法などのルールが決められています。

　有価証券であることから，次のようなケースが生じる可能性があります。あなたが小切手で商品を買ったとします。持ち帰ってみると，その商品が

不良品であることが判明し，商店に返品しました。ところがその商店は，受け取った小切手を第3者に譲渡していました（商店はメーカーへの仕入代金の支払いのために，受け取った小切手に裏書して支払に充てることができます）。ここで問題になるのが，この第3者が小切手を銀行に持ち込んで現金化しようとした場合，あなたの口座から引き落としが行われるということです。

　一見，不条理に感じると思います。しかし，これが有価証券の特徴なのです。小切手が生じた原因，つまり取引状況には一切関係なく，小切手の効力は時効まで続くのです。このケースでは，あなたは第3者の決済のために，間違いなくあなた自身の当座預金口座に十分な金額を用意しておかねばなりません。もし預金口座の金額が不足していたら，「不渡り」となります。企業の場合なら，半年以内に2回不渡りを出すと銀行取引停止処分を受けることになり，事実上の倒産ということになります。

　商品も使えず，支払もしなければいけないというあなた自身の損害については，損害賠償の手続などでクリアにすることになります。
小切手や手形に触れる機会も少なからずあると思いますので，曖昧な状況を勝手に判断することなく，速やかに上司なり責任者に報告することを心がけておいて下さい。

〔参考文献〕

「手形・小切手の取引実務」土居寛二著　かんき出版

1－3　金銭管理の留意点

⑴　金券の確認

　近年は金券の偽造が多くなっており，注意深く確認することが必要です。

⑵　小切手の確認

　振出人（顧客）の署名と捺印，正しい金額かを確認します。署名・捺印がないと無効，金額を訂正したものも無効となります。

(3)　店内での金銭管理の徹底

受け取った金券は速やかにレジスターに保管し，誰も持ち出せないというルールにします。レジを閉める際には，売上と金券類の実査，および突合せを行い，閉めた後は責任者が金券類を金庫に保管するようにします。

(4)　売上高と入金額の不一致の改善

注意不足等，ケアレスミスを最小限に食い止めるために，レジ段階での手順や確認方法などをルール化して周知徹底するようにします。それでも発生した場合には，改善策を検討してマニュアルなどを改訂します。

(5)　金銭の盗難防止

外部犯行，内部犯行ともに未然に防ぐようマニュアルなどを整備します。

(6)　無意識の窃盗防止

従業員管理が不十分な場合，勝手にサービスしたりすることで無意識に「窃盗」という犯罪に該当してしまうことがあります。従業員教育の徹底や，就業規則・従業員規則などの整備により，未然に防ぐことが必要です。

2　万引防止対策の基本知識

2－1　万引＝ロス率の増加＝利益率の低下

小売店内における商品ロスは，欠品による販売ロス，売れ残りの廃棄ロス，万引によるロスに大別できます。販売ロスや廃棄ロスについては，マーチャンダイジングの精度向上策等によりカバーしますが，万引ロスについては対策の講じ方が変わってきます。

2－2　万引の防止対策

(1)　声 か け

「いらっしゃいませ」の一言は，接客の基本であると同時に万引防止策の効

果的な手段です。相手の顔を見ながら笑顔で声かけを行うようにします。

(2)　きれいな売場

　商品棚が乱れている，プライスカードと商品が一致してない，などというような状況は，管理不足・見回り不足と見られて，万引を誘引しかねません。

(3)　売場のつくり方

　死角のないレイアウト，低めのゴンドラ設置などの対策があります。

2－3　万引防止のセキュリティ・システム

(1)　カメラでの売場監視

　全て本物でなく，ダミーを交えることでも心理的に抑止できます。

(2)　ICタグ

　最近注目されている次世代バーコードの商品札です。従来のタグと比較してかなり小さく，書籍等にも付けられます。レジを通してない商品が店外に出ようとする時，警告音を鳴らすようなシステムに活用され始めています。

＜棚卸作業による万引の発見＞

　例えば，Ｘという商品があったとし，仕入値が@60円，販売価格が@100円であったとします。ある日の朝，開店時に10個が陳列されていました。その日のうちに仕入によって100個が入荷したとします。夜の閉店時にPOSデータで販売数量を確認したところ，100個が売れていました。以上の情報のみで，商品Ｘのこの日の売上数量は100個と認識して良いのでしょうか？

　そうはなりません。正しい売上数量を求めるためには，閉店時に何個残ったかを確認することが必要です。本当に100個売れたのであれば，閉店時には10個残っているはずです。しかし，目視で数えたところ，9個しか残っていなかったとします。差の1個は，何らかの理由によって消えたことになります。破損や廃棄によるものでないのなら，恐らく万引されたのでしょう。よって，売上は100個で1万円，売上原価はロス分も合わせて101個分

の6,060円となります。万引が無ければ売上原価は6,000円なので，粗利益額は4,000円でしたが，万引によって3,940円に下がってしまいます。

　このように，正しい利益額を算出するには，正しい販売数量を明らかにする必要があります。1日の閉店時，あるいは月末，さらには中間決算や1年間の決算日には，店内や倉庫に何個残っているかを，実際に目で確認しながら数える作業が欠かせません。この作業を棚卸と言います。小売業も含め，ほとんどの業種・業態において，正しい決算を行うには棚卸作業が必要なのです。そして，POSデータには万引された分は計上されない（当たり前ですが）ということも認識しておいてください。

3 衛生管理の基本知識

3−1　衛生管理の原則

　衛生管理の基本は手洗いです。石鹸などを使ってこまめに手洗いし，清潔に維持します。

　従業員は，自分に病気の疑いがある時はその旨を上司に申し出る必要があります。

　惣菜などを製造・加工する者は，帽子，エプロン，作業着，マスク，手袋等を着用し，常にそれらの清潔さを保つことが必要です。また，長髪はまとめ，爪は短く，指輪や時計は外します。

　作業中は，髪や顔に触る，タバコを吸う，たんやつばをはく，マスクなしでくしゃみする，不用意なおしゃべり，などはしないようにします。

3－2　細菌性食中毒防止の3原則と商品管理

(1)　食中毒防止の3原則

　以下の3原則は，店頭販売員等にも欠かせない衛生管理です。

・細菌をつけない……手や調理器具の洗浄と殺菌，原材料と調理済み品の接触を防ぎます。

・細菌を増やさない……冷凍，冷蔵の温度管理の徹底，保存期限の厳守等が必要です。

・細菌を殺す……調理時には中心部まで確実に加熱します。

(2)　商 品 管 理

　店頭においても商品管理に十分注意します。

・先入れ先出しの徹底……先に保管・陳列した商品から先に出て行くように工夫します。

・冷凍，冷蔵ショーケースの整理・整頓・清掃と温度管理……温度管理のチェックとショーケース内の整理・整頓・清掃を心がけます。

3－3　HACCP（ハセップ）による衛生管理

　アメリカのNASAによる，宇宙食の衛生管理ノウハウをベースにしています。具体的な手順は，次のとおりです。

　①　原材料の生産から消費者の手に渡るまでの全工程において，食品の安全を損なう微生物，化学物質，異物を明らかにし，それらを取り除く方法を決定します。

　②　明らかにした微生物等について，最も効率良く管理することができる重要管理点（CCP）を決定します。

　③　重要管理点ごとに守るべき基準（温度，ph，加熱時間など）を決めます。

　④　基準から外れていないかのモニタリング（監視），外れた時の対策を決めます。

⑤　各工程の加工作業は，標準作業手順書として文書化し，誰が作業しても間違わないようにします。

⑥　モニタリングの結果等を記録・保管しておき，HACCP に基づき安全に製造した証拠とします。

3－4　JAS 法などの基準

(1)　食品表示法による基準

食品表示法は，従来からある JAS 法，食品衛生法，健康増進法の 3 つの法律で規定される食品の表示義務を一元化した法律です。

・食品表示基準……内閣総理大臣によって食品表示基準が策定されており，食品関連事業者等が表示すべき事項や遵守すべき事項が定められています。

・生鮮食品品質表示基準……農産物では，国産品の場合は都道府県名，輸入品の場合は原産国名を表示します。畜産物では，国産品は国産であることを表示し，輸入品は原産国名を表示します。水産物は，国産品は水域名または地域名，輸入品は原産国名を表示します。また，冷凍品を解凍したものには「解凍」と，養殖の場合は「養殖」と表示します。

・加工食品品質表示基準……名称，保存方法，消費（賞味）期限，添加物，栄養成分の量と熱量，製造（加工）所の所在地，アレルゲンなどが表示義務になっています。特にアレルギーによる健康被害を防止するため，特定原材料を使用した旨の表示が法定義務化されています。

・有機農産物……第 3 者機関の認証が必要で，JAS 規格に合格しないと表示できません。

・遺伝子組換え食品……組換え農産物と，それを使用している食品には表示が必要です。

(2)　食品の日付表示

1995年の法改正で，食品の期限表示として「賞味期限」または「消費期限」が記載されることになりました。

(3) トレーサビリティ

「生産履歴の開示」を意味しており，製造業では「原材料・部品の調達から加工，組立，流通，販売の各工程で，製造者・仕入先・販売元などを記録し，履歴を追跡可能な状態にしておくこと」と定義されています。

衛生管理においては，「食品が，いつ，誰に，どこで，どうやって製造され，どういう流通経路にのせられて，売場に並んだのか」を開示するもので，牛肉等の業界で義務づけられています。今後は，他の食品分野でも義務化されると考えられています。

3<⑤　販売・経営管理>

本試験形式問題

第1問　次のア〜オは，接客マナーについて述べている。正しいものには1
　　　　を，誤っているものには2を，解答欄に記入しなさい。

ア　「ありがとうございます」という場合には，30度のお辞儀が適切である。
イ　「いらっしゃいませ」という場合には，15度のお辞儀が適切である。
ウ　「見る」は，尊敬語では「ご覧になる」，謙譲語Ⅰでは「拝見する」となる。
エ　「言う」は，尊敬語では「おっしゃる」，謙譲語Ⅱでは「申し上げる」とな
　　る。
オ　「重い」は，丁寧語では「重うございます」となる。

解答欄	ア	イ	ウ	エ	オ

第2問　次の文章は，クレームや返品への対応について述べている。文中の
　　　　〔　〕の部分に，下記に示すア〜オのそれぞれの語群から最も適当な
　　　　ものを選んで，解答欄に記入しなさい。

　　クレームの種類の1つに，〔ア〕がある。〔ア〕によってケガをした，病気に
なった，などである。さらには，〔イ〕や品ぞろえに対する不満もある。2つ
めに接客がある。態度が悪い，感じが悪い，言葉遣いが悪い，釣銭を間違えた，
包装が雑だった，〔ウ〕の字を間違えた，などである。3つめに施設がある。
雨の日に床が濡れている，〔エ〕が汚い，照明が暗い，などである。他にも，

営業時間について，ポイントカードの〔オ〕への不満，価格が高いなどがある。

【語　群】

ア	1．商品	2．価格	3．販売促進	4．流通経路
イ	1．言葉遣い	2．品目数	3．鮮度	4．価格
ウ	1．店名	2．のし紙	3．名札	4．日報
エ	1．品ぞろえ	2．言葉遣い	3．包装	4．トイレ
オ	1．形状	2．色づかい	3．ポイント付与	4．鮮度

解答欄	ア	イ	ウ	エ	オ

第3問　次のア～オは，小売業の適正確保および事業の許認可に関する法規について述べている。正しいものには1を，誤っているものには2を，解答欄に記入しなさい。

ア　大規模小売店舗法では，駐車場の確保や騒音の発生防止など，小売店舗を設置する者が配慮すべき指針が公表されている。

イ　中小小売商業振興法では，フランチャイズチェーンに加盟する中小事業者を保護する取り組みも含まれている。

ウ　薬局の開設や医薬品の販売は，薬事法によって規制されている。

エ　飲食店や食品販売店のうち，食中毒のリスクが低い業種については，許可より簡易な届出制度が認められている。

オ　ペットショップの営業については，動物愛護管理法による規制がある。

解答欄	ア	イ	ウ	エ	オ

第4問　次のア〜オは，小売業に関する主な法規について述べている。正しいものには1を，誤っているものには2を，解答欄に記入しなさい。

ア　手付は商品代金の一部前払いとされ，内金のように契約解除は認められない。

イ　一般懸賞で提供できる景品類の限度額は，取引価額5千円未満の場合は取引価額の20倍である。

ウ　ISO14000シリーズを取得すると，国際エネルギースターロゴを製品に表示できる。

エ　消費者信用取引のうち，販売信用は一般的にクレジットと呼ばれ直接金銭を貸与する形式であり，金銭信用は一般的にローンと呼ばれカードで商品を購買するものである。

オ　クーリングオフは，訪問販売には適用され，化粧品の購入では適用除外となる。

解答欄	ア	イ	ウ	エ	オ

5 販売・経営管理

第5問 次の文章は，商品に関する法規について述べている。文中の〔　〕の部分に，下記に示すア～オのそれぞれの語群から最も適当なものを選んで，答案用紙の所定欄にその番号をマークしなさい。

・消費者に危害を及ぼすおそれが多い製品は，〔ア〕がないと販売できない。
・遺伝子組み換え食品のうち，これまでに安全性審査を経た農作物は〔イ〕である。
・工業標準化法にもとづくマークは〔ウ〕である。
・電気用品安全法にもとづくマークは〔エ〕である。
・〔オ〕は，安全で快適な「住まいづくり」に認定された住宅部品に付される。

【語　群】

ア〔1．JISマーク　　2．PSCマーク　　3．PSEマーク　　4．BLマーク〕
イ〔1．8作物　　2．9作物　　3．6作物　　4．7作物〕
ウ〔1．JISマーク　　2．PSCマーク　　3．PSEマーク　　4．BLマーク〕
エ〔1．JISマーク　　2．PSCマーク　　3．PSEマーク　　4．BLマーク〕
オ〔1．JISマーク　　2．PSCマーク　　3．PSEマーク　　4．BLマーク〕

解答欄	ア	イ	ウ	エ	オ

第6問 次のア～オは，利益の構造について述べている。正しいものには1を，誤っているものには2を，解答欄に記入しなさい。

ア　売上総利益は，売上高から販売費及び一般管理費を差し引いて求める。
イ　営業利益は，売上高から売上原価を差し引いて求める。

ウ　経常利益は，営業利益に特別損益を加味して求める。

エ　税引前当期純利益は，経常利益に営業外損益を加味して求める。

オ　当期純利益は，税引前当期純利益から法人税等を差し引いて求める。

解答欄	ア	イ	ウ	エ	オ

第7問　次の文章は，売上高について述べている。文中の〔　〕の部分に，下記に示すア～オのそれぞれの語群から最も適当なものを選んで，解答欄に記入しなさい。

　売上高は，「〔ア〕×〔イ〕」で求められる。〔ア〕は実際に商品を購入した顧客の人数であり，これを増やすには入店客数もしくは〔ウ〕を増やすことが必要である。一方，〔イ〕は顧客1人当たりの買上金額のことであり，これを増やすには〔エ〕もしくは1品当たり〔オ〕を増やすことが必要である。

【語　群】

ア　1．平均単価　　　2．買上点数　　　3．入店客数　　　4．買上客数

イ　1．平均単価　　　2．買上点数　　　3．客単価　　　　4．入店客数

ウ　1．平均単価　　　2．買上率　　　　3．買上客数　　　4．客単価

エ　1．買上客数　　　2．買上率　　　　3．買上点数　　　4．入店客数

オ　1．平均単価　　　2．入店客数　　　3．買上率　　　　4．買上点数

解答欄	ア	イ	ウ	エ	オ

第8問　次のア〜オは，小売業の計数管理について述べている。正しいもの
　　　　には1を，誤っているものには2を，解答欄に記入しなさい。

ア　仕入時点の予定の利益を粗利益高，販売時点の結果の利益を売上総利益と
　　いう。

イ　売上原価は，期末在庫高＋期中仕入高－期首在庫高で求められる。

ウ　商品回転率は，売上高÷平均在庫高で求められる。

エ　消費税が10%で，税込み（内税）価格が165円の場合の消費税は，16円で
　　ある。

オ　消費税が10%で，税込み（内税）価格が495円の場合の本体価格（税抜き
　　価格）は，445円である。

解答欄	ア	イ	ウ	エ	オ

第9問　次の文章は，金券類の扱いと金銭管理の基本知識について述べてい
　　　　る。文中の〔　　〕の部分に，下記に示すア〜オのそれぞれの語群か
　　　　ら最も適当なものを選んで，解答欄に記入しなさい。

　クレジットカードでの代金決済では，商品代金は後日〔ア〕から〔イ〕に支

払われ，〔ア〕は会員である〔ウ〕の銀行口座から回収するという仕組みである。

デビットカードは，小売店は店頭で〔エ〕に確認して，顧客の預金から代金を引き落とすものであり，もしも顧客の預金残高が足りない場合，小売店は〔オ〕することができる。

【語　群】

ア〔1．顧客　　2．小売店　　3．銀行　　4．クレジットカード会社〕

イ〔1．顧客　　2．小売店　　3．銀行　　4．クレジットカード会社〕

ウ〔1．顧客　　2．小売店　　3．銀行　　4．クレジットカード会社〕

エ〔1．デビットカード受託会社　　2．顧客　　3．銀行
　　4．ネットワーク〕

オ〔1．取引を拒否　　2．顧客に立替払い　　3．融資
　　4．顧客に返金〕

解答欄	ア	イ	ウ	エ	オ

第10問　次の文章は，HACCP による衛生管理について述べている。文中の〔　〕の部分に，下記に示すア～オのそれぞれの語群から最も適当なものを選んで，解答欄に記入しなさい。

HACCP 衛生管理手順では，まず〔ア〕から消費者の手に渡るまでの全工程において，様々な異物等をすべて明らかにし，それらを取り除く方法を決定する。次に，〔イ〕を決定し，イごとに守るべき基準を定める。その基準から外れていないかの〔ウ〕を行いつつ，外れた時の対策を決める。各工程の作業は

〔エ〕として文書化しておく。このシステムは〔オ〕の宇宙食の衛生管理ノウ
ハウをベースにしたものである。

【語　群】

ア〔1．原材料の生産　　2．メーカーの倉庫　　3．小売店頭
　　4．卸売業者〕

イ〔1．原因物質　　2．モニタリング点　　3．重要管理点
　　4．衛生基準〕

ウ〔1．モニタリング　　2．手順書の確認　　3．CCP
　　4．作業手順の検証〕

エ〔1．CCP　　2．モニタリング記録　　3．特別手順書
　　4．標準作業手順書〕

オ〔1．JAXA　　2．BRICs　　3．NASA　　4．WTO〕

解答欄	ア	イ	ウ	エ	オ

〔解答・解説〕

第1問
【2−2−1−2−1】

接客マナーを軽んじないようにしましょう。クレームや返品への対応についても，しっかり確認しておいてください。

第2問
【1−3−2−4−3】

クレームや返品への対応について，特に近年クレーマーと呼ばれる人が散見されるため，しっかりと理解して実践することが必要です。

第3問
【2−1−2−1−1】

小売業に関する法令についてよく理解しておくことが肝心です。アは，大規模小売店舗立地法であれば正しい文章となります。ウは，薬事法が改正され，現在では医薬品医療機器等法となります。

第4問
【2−1−2−2−1】

それぞれ細かいところを抽出した問題であり，このレベルが簡単に解答できれば相当実力がついていると思われます。アは，手付と内金が逆です。ウは，両者に関連はありません。エは，販売信用がカードでの商品購買であり，金銭信用が金銭貸与となります。

第5問

【2－1－1－3－4】

商品に関する法規は，消費者の安全を守り，消費者利益を尊重するという小売業の社会的責任にもとづいています。正しく理解しておかないと混乱しますので，しっかり学んでおきましょう。

第6問

【2－2－2－2－1】

利益の構造は，しっかり理解することが必要です。アの売上総利益は売上高から売上原価を控除して，イの営業利益は売上総利益から販管費を控除して，ウの経常利益は営業利益に営業外損益を加味して，エの税引前当期純利益は経常利益に特別損益を加味して，それぞれ算出します。

第7問

【4－3－2－3－1】

売上高は，「買上客数×客単価」であることを明確に認識してください。小売業以外でも「売上高＝数量×単価」が常識です。また，売上高を増やすための各種の取り組み策についても，理解を深めておいてください。

第8問

【2－2－1－2－2】

アは，仕入時点の予定の利益は値入高です。イの売上原価の算出は，「期首」在庫高に期中仕入高を加算し，そこから「期末」在庫高を控除します。エは，内税価格165円を「1＋0.1（消費税率の10％）＝1.1」で割れば本体価格が出ます（150円）ので，それに消費税率10％を乗じることで15円となります。オも同様に，内税価格495円を1.1で割れば本体価格が450円と判明します。

第9問

【4－2－1－3－1】

　金券類の扱いと金銭管理は，小売店にとって極めて重要で，慎重に対処すべき事柄です。小切手，各種商品券，電子マネーについても良く復習しておきましょう。

第10問

【1－3－1－4－3】

　HACCPは，日本の食品流通業でも積極的に取り入れています。食品衛生に関する関心は日々高まっていますので，衛生管理の基本や食中毒防止3原則などと一緒に理解しておいて下さい。

〔参 考 文 献〕

日本商工会議所・全国商工会連合会『販売士ハンドブック（基礎編）』カリアック，2019年。

エリヤフゴールドラット著・三本木亮翻訳『ザ・ゴール』ダイヤモンド社，2001年。

澤内隆志著『中小企業診断士受験講座』日本マンパワー，2003年。

岡本康雄編著『現代経営学辞典（改訂増補版）』同文舘，2003年。

『バーコードの基礎』（財）流通システム開発センター，2003年。

『中小企業診断士講座店舗施設管理』日本ビジネスカレッジ

（社）日本ショッピングセンター協会編『SCリニューアル・マニュアル』

（社）日本ショッピングセンター協会編『ショッピングセンター学校開発コース SC2級開発士養成講座テキスト第1分冊』

吉澤　正監修『ISO14001環境マネジメントシステム＜対訳＞』（財）日本規格協会，2004年。

土居寛二著『手形・小切手の取引実務』かんき出版，2003年。

日本政策金融公庫総合研究所編『小企業の経営指標（2014年版）』2014年。

【ホームページ】

内閣府国民生活局ホームページ　消費者の窓　http://www.consumer.go.jp/

総務省ホームページ　　　　　　　　　　　　http://www.soumu.go.jp/

（一般財団法人）製品安全協会ホームページ　http://www.sg-mark.org/

（公益財団法人）日本環境協会ホームページ　http://www.jeas.or.jp/

（一般財団法人）省エネルギーセンターホームページ　http://www.eccj.or.jp/

コーデックス委員会公式ホームページ

　　　　　　　　　　　　http://www.codexalimentarius.net/web/

愛知県消費生活センター　消費者情報プラザ　　http://www.pref.ehime.jp/

【著者紹介】

清水　敏行（しみず　としゆき）

1953年東京都生まれ。明治学院大学社会学部卒業。専門商社でブランドマネジャーを担当。その後，経営コンサルタント会社・教育機関で，経営支援や人材教育に携わる。専門分野はマーケティング，HRM。中小企業診断士，販売士養成登録講師。日本経営診断学会正会員，日本販売促進学会正会員。
主な著書：「販売管理のすべてが身につく本」（山下出版），「グローバルマーケティング」（税務経理協会），「能力開発」（三修社），「企業経営管理論」（三修社）など。

中谷　義浩（なかたに　よしひろ）

1960年富山県生まれ。慶應義塾大学経済学部卒業。スーパーマーケットチェーン食品部でバイヤー職を担当。その後，学校法人，コンサルティング会社で，人材育成に携わる。現在独立し，中谷総合研究所株式会社の所長を務める。専門分野は，マーチャンダイジング，リテールマーケティング。中小企業診断士，販売士1級，販売士協会養成登録講師，ビジネスクリエーター研究学会会員。
主な著書：「創造的破壊」（学文社，共著）など。

土居　寛二（どい　かんじ）

1965年高知市生まれ。1987年神奈川大学経済学部卒業，2005年経済学修士（神奈川大学大学院）。インテリア商材の最大手メーカーの販売会社で営業職を12年担当。2000年に独立し，現在MDC株式会社代表取締役。専門は，企業再生支援，財務改善支援。中小企業診断士。
主な著書：「担保に頼らず1億円集める資金調達」，「手形・小切手の取引実務」（ともにかんき出版），他共著など。

2006年5月15日	初 版 発 行
2008年12月20日	第 2 版 発 行
2012年12月15日	第 3 版 発 行
2016年9月15日	第 4 版 発 行
2020年2月1日	第 5 版 1 刷発行

日本商工会議所　検定　**販売士 3級**
全国商工会連合会　〔第5版〕

著　者　清　水　敏　行
　　　　中　谷　義　浩
　　　　土　居　寛　二

発行者　大　坪　克　行
整版所　ハピネス情報処理サービス
印刷所　税 経 印 刷 株 式 会 社
製本所　牧 製 本 株 式 会 社

発 行 所　東 京 都 新 宿 区　株式　**税 務 経 理 協 会**
　　　　　　下落合2丁目5番13号　会社
〒161-0033　振 替 00190-2-187408　電話（03）3953-3301（編集部）
　　　　　　FAX（03）3565-3391　電話（03）3953-3325（営業部）
URL http://www.zeikei.co.jp/
乱丁・落丁の場合はお取り替えいたします。

Printed in Japan
ISBN978-4-419-06700-7　C3034